Praxistipps für Nachwuchs-Führungskräfte

Egon Minar

Praxistipps für Nachwuchs-Führungskräfte

Ratschläge eines Top-Managers

Egon Minar
München, Deutschland

ISBN 978-3-658-44029-9   ISBN 978-3-658-44030-5 (eBook)
https://doi.org/10.1007/978-3-658-44030-5

Die Deutsche Nationalbibliothek verzeichnet diese Publikation in der Deutschen Nationalbibliografie; detaillierte bibliografische Daten sind im Internet über https://portal.dnb.de abrufbar.

Planung/Lektorat: Ulrike Lörcher
Springer Gabler ist ein Imprint der eingetragenen Gesellschaft Springer Fachmedien Wiesbaden GmbH und ist ein Teil von Springer Nature.
Die Anschrift der Gesellschaft ist: Abraham-Lincoln-Str. 46, 65189 Wiesbaden, Germany

Das Papier dieses Produkts ist recyclebar.

Für meine geliebte Frau Nathalie

Vorwort des Autors

Nach über 45 Jahren beruflicher Tätigkeit und davon über vierzig Jahren in Führungsfunktionen in verschiedenen Positionen in unterschiedlichen Branchen und Unternehmenskulturen habe ich vor eineinhalb Jahren begonnen, Bücher zu schreiben.

Schon zu meinen Berufszeiten bin ich ein umtriebiger Mensch gewesen. Darum ist es für mich unvorstellbar, meinen Geist und Verstand nicht weiterhin intensiv zu beschäftigen. Auch wenn ich immer noch gerne Sport betreibe, so sehe ich mich nicht, die Tage im Sommer vor allem auf Golfplätzen und im Winter auf Skipisten zu verbringen. Schon früher war es mein Ziel, im Pensionsalter Bücher zu schreiben, um entweder an Interessierte mein Fach- und Sachwissen weiterzugeben oder um mit Kriminalromanen anderen Menschen Unterhaltung und Freude zu bieten.

So ist im August 2023 mein erstes Buch „Wege aus dem Abstieg – Jetzt handeln" veröffentlicht worden. Während des Schreibens dieser Zeilen wird mein erster Kriminalroman „Femizide in Wien – Kommissar Moser: sein schwierigster Fall" zur Publikation vorbereitet. Manuskripte für weitere Sachbücher sowie Kriminalromane und Romane liegen schon vor.

Sehr viele meiner Freunde und Bekannten haben begierig auf die Veröffentlichung meiner ersten Bücher gewartet. Insbesondere haben viele meiner ehemaligen Berufskollegen und -kolleginnen und meiner Mitarbeitenden mir geraten, meine reichhaltigen Führungserfahrungen praxisnah und authentisch an junge Führungskräfte weiterzugeben. An Universitäten und Hochschulen würde zumeist sehr gutes theoretisches, aber zu wenig praxisnahes Wissen vermittelt.

Diese Erkenntnis kann ich aus meiner universitären Vergangenheit nur bestätigen. Ich selbst hatte ursprünglich eine Hochschulkarriere an der Wirtschaftsuniversität in Wien angestrebt und war für kurze Zeit als wissenschaftliche Hilfskraft tätig. Auf Anraten meines damaligen Professors sollte ich ein bis zwei Jahre Praxisluft in einem Top-Unternehmen schnuppern. Damals habe ich erkennen müssen, welch große Unterschiede in der Universitätsausbildung einerseits und in den praktischen Erfordernissen des Berufsalltags anderseits bestehen. Damals habe ich mich – aus meiner Sicht glücklicherweise – entschieden, meine berufliche Entwicklung und Karriere in Wirtschaftsunternehmen fortzusetzen.

Aus heutiger Sicht bedauere ich, dass es damals kaum praxisbezogene Wirtschaftsbücher gab, welche mir seinerzeit als junge Führungskraft einige wertvolle Ratschläge für den Berufsalltag gegeben hätten. Damals galt für mich so wie für die meisten Absolventen einer Wirtschaftsuniversität „Learning by Doing" bzw. „Learning by Training on the Job".

Auch wenn es heute schon deutlich mehr praxorientierte Literatur von erfahrenen Führungskräften gibt, so besteht nach meiner Ansicht doch reichhaltiger Bedarf an praxisnahen Erkenntnissen und Empfehlungen von erfahrenen Führungskräften. Dies kann ich hautnah erleben, wenn junge Studierende oder Berufsanfänger, zumeist Kinder oder gelegentlich sogar schon Enkelkinder von Freunden und Verwandten, mich begierig nach wesentlichen Erfahrungen und Erkenntnissen aus meinem Berufsleben fragen.

In der Tat verfüge ich über immense berufliche Erfahrungen, wie Sie später aus der kurzen Darstellung meines Lebenslaufs und meiner beruflichen Tätigkeiten ersehen können. Darum habe ich mich entschieden, dieses Buch mit 55 wichtigen Ratschlägen und Empfehlungen zu verfassen und mein erworbenes Wissen mit jungen, aufstrebenden und ehrgeizigen Führungskräften zu teilen.

Wenn ich heute meine berufliche Entwicklung im Rückblick betrachte und analysiere, dann habe ich vieles richtig gemacht. Gleichzeitig bekenne ich selbst, dass ich einiges hätte besser machen können. Hätte ich schon damals mein heutiges Wissen und meine praktischen Erfahrungen gehabt und hätte ich diese schon als junge Führungskraft angewandt, dann hätte ich sicherlich einige Fehler vermeiden bzw. rascher meine beruflichen Ziele erreichen können.

Die massiven Anregungen sowohl von ehemaligen Berufskollegen als auch von jungen Berufsanfängern, die sich entweder noch im Studium oder in den ersten Berufsjahren befinden, sind der starke Antrieb für mich gewesen, dieses besonders praxisbezogene Buch zu verfassen. Dabei werde ich fallweise auf eigene Fehler oder erkennbare Fehler von Ex-Kollegen oder Ex-Kolleginnen eingehen, die sich hätten vermeiden lassen.

Es ist unbestritten, dass jede junge Führungskraft, egal ob männlich oder weiblich, eigene Erfahrungen machen muss und auch soll. Eigene Fehler zu erkennen und das Bestreben, diese künftig zu vermeiden, sind wichtig für jeden Manager. Gleichwohl wäre es deutlich besser, aus gemachten Erfahrungen anderer Menschen zu lernen und sich solches Wissen möglichst frühzeitig anzueignen.

Aus diesem Wunsch heraus, jungen Führungskräften beim Einstieg ins Berufsleben praxisnahe Ratschläge an die Hand zu geben, habe ich dieses Buch geschrieben, welches ich nicht nur Berufseinsteigern zu lesen empfehle, sondern auch erfahrenen Führungskräften. Ich selbst räume ein, dass ich immer noch, trotz all meiner Lebens- und Berufserfahrungen, ständig dazulerne.

Schon vor vielen Jahren habe ich mir einige der Ratschläge und Empfehlungen, die ich in diesem Buch vermitteln werde, für mich notiert und auf einigen Blättern gesammelt. Einmal oder zweimal im Jahr habe ich immer wieder diese an mich selbst gerichteten Ratschläge gelesen und dabei realisiert, dass ich manches noch besser und zielorientierter machen könnte. Dabei habe ich oftmals auch Ratschläge und Empfehlungen von beruflichen Kollegen und Kolleginnen oder aus praxisnahen Büchern, Vorträgen oder Seminaren hinzugefügt.

Persönlicher Werdegang des Autors

Aufgewachsen bin ich in Wien in einem bürgerlichen Umfeld, zusammen mit sechs Brüdern. Wir sieben Jungs durften eine glückliche Jugend verbringen und eine gute schulische Ausbildung erfahren. Glücklicherweise war ich der Älteste der sieben Söhne, alle vom selben Elternpaar stammend. Glücklicherweise deshalb, weil es unter sieben Knaben und später auch jungen Männern öfters mal Zoff und Streit gab und sich dabei der Älteste zumeist in einer besseren Lage befand. Aber auch deshalb, weil ich als Ältester oft meine Rolle darin sah, Streit unter Brüdern zu schlichten und Kompromisse zu suchen und zu finden. Dazu kam, dass mir als Ältester schon früh gewisse Führungsaufgaben von meinen Eltern, aber auch von unseren Lehrern zugemutet wurden, die mir später in meinem Berufsleben geholfen haben.

Schon in meiner Gymnasialzeit habe ich mich intensiv mit der Zeitgeschichte und wirtschaftlichen Themen befasst. Nach dem Gymnasium habe ich Handelswissenschaften und Betriebswirtschaft an der Wirtschaftsuniversität Wien studiert und akademisch abgeschlossen. Um möglichst rasch auf eigenen Beinen stehen zu können, habe ich meine erste berufliche Aufgabe bereits mit 22 Jahren angenommen.

In Summe habe ich 47 Jahre lang Erfahrungen und davon über vierzig Jahre in Führungs- und Top-Management-Funktionen in internationalen Weltkonzernen, aber auch in Familien- und in Private- Equity-gesteuerten Unternehmen und selbst in Start-up-Unternehmen und als Unternehmensberater sammeln können.

Nach meinen ersten dreißig Lebensjahren in Österreich habe ich über 15 Jahre in der Schweiz und danach bisher über 25 Jahre in Deutschland in verschiedenen Städten verbracht. Meine beruflichen Tätigkeiten haben zusammengerechnet zu Aufenthalten von über einem Jahr in Japan, über sechs Monaten in den USA und über acht Monaten in Frankreich geführt. Dazu kamen mehrwöchige Reisen nach China, in andere asiatische und afrikanische Staaten und nach Australien.

In allen meinen internationalen beruflichen und privaten Tätigkeiten habe ich Tausende von auch intensiven Gesprächen mit Mitmenschen, mit Berufskolleginnen und -kollegen, mit Frauen und Männern verschiedenster kultureller Ausrichtung, unterschiedlichster Berufe und verschiedenster politischer Orientierungen führen können und dabei deren Gedanken, Ansichten und Wünsche erfahren dürfen, die allesamt in gewisser Weise in meine Ausführungen in diesem Buch eingeflossen sind.

Privat lebe ich mit Nathalie, meiner zweiten, sehr geschätzten Frau, in München und bin Vater von zwei erwachsenen berufstätigen Töchtern und Großvater eines Knaben und eines Mädchens.

Meine beruflichen internationalen Führungserfahrungen mit Mitarbeitenden verschiedenster Nationen, unterschiedlicher Religionen und Altersgruppen befähigen mich, dieses Buch zu verfassen und praxistaugliche Ratschläge und Empfehlungen an junge, aber auch an schon etwas erfahrene Führungskräfte weiterzugeben.

Solche auf einem großen Erfahrungsschatz aufbauenden Ratschläge gelten für Führungskräfte in Unternehmen aller Größenordnungen, von internationalen Top-Konzernen bis zu mittelständischen und kleineren Betrieben und bis zu Start-up-Unternehmen.

Im Gegensatz zu Unternehmensstrukturen in meinen Anfangsjahren als Führungskraft sind erfreulicherweise die Führungshierarchien viel flacher geworden. Manche Hierarchiestufen gerade im mittleren Management sind wegrationalisiert worden. Andererseits hat sich das Arbeiten in Projektteams deutlich verstärkt. Meine Ratschläge und Empfehlungen gelten deshalb selbstverständlich auch für Projektleiter bzw. für die Leitung von Projektteams.

Selbstredend gelten alle Ratschläge für männliche und weibliche Führungskräfte. Diesbezüglich werde ich keine spezifischen Unterscheidungen machen. Erfreulicherweise hat sich der Anteil von Frauen in Führungspositionen in den letzten Jahrzehnten erheblich vergrößert. Auf die Vorteile von angemessenen Anteilen von Frauen in Führungsgremien werde ich noch explizit eingehen.

Beim Lesen meiner Empfehlungen und Tipps für junge Führungskräfte werden Ihnen manche als logisch, selbstverständlich oder sogar als trivial erscheinen. Dennoch werden oftmals bei als selbstverständlich zu betrachtenden Vorgehensweisen große Fehler gemacht. Ich kann dies aus eigenen Fehlern in meinen Jahren als junge Führungskraft nachvollziehen. Darum werde ich solche als logisch erscheinende Ratschläge dennoch in der gebotenen Kürze anführen.

Um diese 55 Ratschläge an Nachwuchs-Führungskräfte sinnvoll zu gruppieren, habe ich eine Gliederung in folgende fünf Abschnitte vorgenommen: Verhalten einer Führungskraft, Nutzen der beruflichen Chancen, Entwicklung wesentlicher Führungskompetenzen, Umgang mit Mitarbeitenden und das persönliche Verhalten als Mensch. Innerhalb dieser Teile habe ich keine Priorisierung vorgenommen.

Bei manchen und vielfach auch anspruchsvollen Führungsaufgaben werde ich auf vorhandene umfangreiche Fachliteratur verweisen. Die Führung von Mitarbeitern, deren gezielte Förderung und Weiterentwicklung zählt zu den essenziellen Aufgaben einer Führungskraft. Darum werde ich insbesondere betreffend Mitarbeiter-Förderung, Mitarbeitergespräche, Mitarbeiter-Motivation und Konfliktlösungen auf weiterbildende Literatur hinweisen.

Man lernt nie aus. Diese „Binsen-Weisheit" gilt auch für das Führen von Mitarbeitern und für das Leiten eines Unternehmens. In den vergangenen fünfzig Jahren hat sich nicht nur technologisch und wissenschaftlich sehr viel verändert. Große Veränderungen haben auch in gesellschaftlichen Aspekten stattgefunden, die sich in vielerlei Hinsicht in Unternehmen und Betrieben widerspiegeln. Dazu zählen mehr Gleichberechtigung, größere Frauenanteile, flachere Hierarchien und mehr Projektarbeiten in kleineren Teams und insbesondere die Digitalisierung.

Nur der Wandel ist stetig. Dies wird sich auch in den kommenden Jahren mit Sicherheit zeigen. Dies unterstreicht das Erfordernis nach lebenslangem Lernen. Auch wenn eine solide und gute Grundausbildung insbesondere für den Einstieg ins Berufsleben mit Zielrichtung der Entwicklung zu einer künftigen Führungskraft außerordentlich hilfreich und nützlich ist, so ist die ständige Weiterbildung besonders in punkto Führungsaufgaben unerlässlich. Auch darauf werde ich mehrfach eingehen.

Verschiedene zeitaktuelle Studien und Untersuchungen zeigen, dass sich insbesondere junge Menschen viele Sorgen um die Zukunft machen.[1,2,3] Dies mag in einigen Aspekten auch richtig erscheinen, soll aber nicht Gegenstand dieses Buches sein. In einem Aspekt kann ich junge ehrgeizige und künftig potenzielle Führungskräfte beruhigen und versuchen, ihnen ihre Ängste zu nehmen: Die Nachfrage nach gut aus-

---

[1] **Amnesty International:** „Generation Z: Klimawandel wichtigstes Thema unserer Zeit" https://www.amnesty.ch/de/themen/klima/dok/2019/generation-z-klimawandel-wichtigstes-thema--unserer-zeit. Zugegriffen am 12.Januar 2024.

[2] **Deloitte:** „Deloitte Millennial Survey 2022. Klimawandel bleibt die größte Sorge von Gen Z und Millennials in Deutschland"; https://www2.deloitte.com/de/de/pages/presse/contents/deloitte-millennial-survey-2022.html. Zugriffen am 12.Januar 2024.

[3] **Elektronik Praxis:** Franz, David: „Millennials & Generation Z: Mit Sorge in die Zukunft"; https://www.elektronikpraxis.de/millennials-generation-z-mit-sorge-in-die-zukunft-a-846482/. Zugegriffen am 12.Januar 2024.

gebildeten, strebsamen Fachkräften und Führungskräften wird in den kommenden Jahrzehnten weltweit und europaweit deutlich größer sein als das Angebot.

Aufgrund des demografischen Wandels und der gegenwärtig viel zu geringen Geburtenraten in allen europäischen Ländern, aber auch in allen führenden Industrienationen und insbesondere in den G20-Staaten ist absehbar, dass es einen großen Mangel an gut ausgebildeten Fachkräften und damit auch an Führungskräften geben wird.

Die USA und Kanada werden ihre Anstrengungen auf der Suche nach gut ausgebildeten Fachkräften aus Europa in den kommenden Jahren deutlich verstärken. China und Japan werden ihre Bemühungen um junge Fach- und Führungskräfte in Südost-Asien, aber auch in Europa erweitern. Im Umkehrschluss bedeutet dies, dass junge, gut ausgebildete Menschen nach ihrem Studium mit sehr hoher Wahrscheinlichkeit unter vielen Job-Möglichkeiten wählen werden können.

Ich selbst habe meine ersten beruflichen Herausforderungen über aufwendige Assessment Centers bzw. über sonstige fachliche und psychologische Prüfungen in den 1970er-Jahren erreichen müssen. Dies hat mir nicht geschadet, hat aber dennoch zusätzlichen Stress bedeutet. Darum freue ich mich für junge, gut ausgebildete und motivierte Menschen, dass sich ihnen viele Chancen und Optionen bieten werden. Dennoch werde ich im Rahmen dieses Buches auf einige Gefahren hinweisen.

Abschließend möchte ich trotz meiner Aufgeschlossenheit für neue Entwicklungen auf zwei Aspekte hinweisen, in welchen ich konservativ bleiben möchte. Auch wenn heutzutage in Ratgebern oftmals das „Du" in der Ansprache der Lesenden angewandt wird, so werde ich aus Respektgründen beim „Sie" bleiben.

Ebenso werde ich auf die sogenannte gendergerechte Schreibweise verzichten, weil das Lesen der traditionellen Ausdrucksweise angenehmer ist und weil je nach Umfragen 70 bis 80 % der deutschen Bevölkerung die gendergerechte Schreibweise ablehnen. Dennoch werde ich oftmals männliche und weibliche Bezeichnungen anwenden, um allen Lesenden gerecht zu werden.

München, Deutschland   Egon Minar
Dezember 2023

Inhaltsverzeichnis

Teil I

Verhalten einer Führungskraft

Sich anders verhalten als die bekannten drei Affen

Vermutlich kennt jeder die Symbole der drei Affen: „Nichts sehen, nichts hören, nichts sagen":

Völlig passiv, meinungslos und desinteressiert kommen die bekannten drei Affen daher. Zum wissenschaftlichen Hintergrund dieser Symbolik: bereits im Jahr 1957 entdeckten zwei Forscher völlig unabhängig voneinander, dass der Ursprung der drei Affen im Fernen Osten liegt [43]. Der Wissenschaftler Archer Taylor wies nach, dass die Geschichte der drei Affen nach Japan oder China führt. Der Japanologe André Wedemeyer legte Japan als Ursprungsland fest.

Schon in meinen Teenager-Jahren stand eine Abbildung der drei Affen auf meinem Schreibtisch und sollte mir als warnendes und abschreckendes Beispiel dienen. Diese Symbolik sollte mir helfen, nicht alles blind zu

E. Minar, *Praxistipps für Nachwuchs-Führungskräfte*, https://doi.org/10.1007/978-3-658-44030-5_1

glauben, sondern Aussagen und Meinungen zu hinterfragen, deren Wahrheitsgehalt bzw. Glaubwürdigkeit zu prüfen.

Bei der Informationsbeschaffung haben Menschen es heute wesentlich einfacher, an Wissen und Fakten heranzukommen. Via Internet und mithilfe von Suchmaschinen wie Google können Informationen in Sekundenschnelle beschafft werden. Gleichzeitig haben Menschen es allerdings auch schwieriger, aus der Menge der verfügbaren Daten das Wesentliche herauszufiltern. Dazu kommen in der Informationsflut immer mehr Fake News daher, welche wahrheitsgetreu erscheinen mögen.

Die erforderliche Konsequenz ist, bei kritischen Themen noch besser und exakter die Quellen von Informationen zu hinterfragen. Dazu kommt, dass sich politisch, gesellschaftlich und medial immer stärker der Trend zu Mainstreaming durchsetzt. Mainstreaming sind alle willentlich bewusste Aktivitäten, eine Meinung zur vorherrschenden zu machen. Damit werden einerseits die Gefahren erhöht, auf möglicherweise falsche Fakten zu setzen, und andererseits wird dadurch eine oftmals erforderliche Meinungsvielfalt unterdrückt bzw. behindert.

Es ist für jeden verständnisvollen Menschen nicht nur wichtig, die Fakten zu sehen, zu lesen oder zu hören, sondern auch zu kommunizieren und seine Meinungen und Ansichten zu äußern. Die Interaktionen mit anderen Menschen laufen über den Austausch von Fakten, Meinungen und Gefühlen.

Zu den wesentlichsten Aufgaben und Verantwortungen von Führungskräften zählen die Förderung und Weiterentwicklung von ihnen zugeordneten Mitarbeitern. Darum sind das Hinsehen und Hinhören zu Mitarbeitenden für Führungskräfte besonders wichtig. Diesbezüglich sollten Manager entsprechende Sensoren entwickeln und diese ständig verbessern.

In meinen ersten Jahren als noch junge Führungskraft habe ich zugegebenermaßen noch kein besonders entwickeltes Sensorium gehabt, um an den Gesichtern von zugeordneten Mitarbeitenden deren Gefühlslage und mögliche Sorgen zu erkennen. Im Laufe der Jahre habe ich dieses Gespür besser entwickelt, sodass ich heute behaupten kann, an den Gesichtern und an der Körperhaltung von Mitmenschen oftmals deren Stimmungslage und mögliche Unzufriedenheit oder Unsicherheit zu erkennen.

Wenn ich solche Sorgen, Ängste oder Missstimmungen visuell in den Gesichtern meiner Mitarbeiterinnen oder Mitarbeiter zu sehen glaubte, habe ich sofort nachgefragt, um meine Empathie zu beweisen. Darum ist der dritte Aspekt, die Kommunikation in der Mitarbeiterführung, so wesentlich. Im Gespräch mit Mitarbeitenden lässt sich heraushören, ob es sich um größere oder kleinere Probleme bzw. Herausforderungen handelt, ob die Hilfe oder Unterstützung der Führungskraft erforderlich oder wünschenswert sind.

Viele eher extrovertierte Mitarbeitende wenden sich von allein an ihren Vorgesetzten, wenn sie Unterstützung brauchen. Manche von ihnen machen dies allzu schnell. Dies ist eine andere Herausforderung für eine Führungskraft, auf die ich später noch zu schreiben komme.

Diffiziler ist das Vorgehen bei eher introvertierten Mitarbeitenden. Durch das genaue Hinsehen und vor allem durch das Hinhören lassen sich bei solchen Menschen ihre Bedürfnisse nach Unterstützung besser erkennen. Sehr oft bedarf es dann einer besonders einfühlsamen Kommunikation. Ich hatte in meiner beruflichen Laufbahn viele solcher eher introvertierten Mitarbeitenden, welche ihre Probleme für sich behalten bzw. allein lösen wollten. Solche Menschen haben sich oftmals auch nicht ihren Kolleginnen oder Kollegen anvertraut.

Darum habe ich Gespräche mit solch introvertierten Personen immer unter vier Augen in meinem Arbeitszimmer geführt. Sehr oft haben sich diese dann geöffnet und über ihre beruflichen und auch privaten Probleme mit mir kommuniziert. So hat sich mit diesen häufig ein echtes Vertrauensverhältnis entwickelt. Sie konnten darauf vertrauen, dass ich gehörte oder erfahrene private Probleme niemals an Dritte weitergegeben habe. Bei beruflichen Herausforderungen habe ich bei Bedarf Ratschläge oder konkrete Hilfen angeboten.

Ich bin überzeugt, dass Sie, werte Lesende, verstanden haben, was ich mit meinem ersten Ratschlag, der für alle verständnisvollen Menschen und insbesondere für Führungskräfte gilt, mitteilen möchte. Hinsehen und hinhören, um möglichst frühzeitig erforderliche Hilfestellungen zu erkennen, sofern diese nicht von den Mitarbeitenden direkt artikuliert werden, und danach miteinander kommunizieren.

In der Kommunikation und durch gezielte Fragestellungen lassen sich zu lösende Herausforderungen gemeinsam angehen. Bei schwierigen

Themen ist die mündliche Kommunikation von Angesicht zu Angesicht in vielerlei Hinsicht besser als die Kommunikation via elektronische Medien, egal ob via E-Mail oder WhatsApp oder andere Medien. Wenn nicht anders möglich, kann dies auch telefonisch oder über ein persönliches Video-Meeting erfolgen.

Durch den Dialog und die rasche Rückkopplung kann die Führungskraft schnell und unmittelbar erkennen, ob der oder die Mitarbeitende allein an der Herausforderung weiterarbeiten kann, ob weitere Hilfen erforderlich sind und insbesondere, ob sich bei der zugeordneten Person eine Besserstellung zeigt als vor dem Gespräch. Bei etwas diffizileren Konstellationen habe ich dann zumeist an den Folgetagen nachgesehen, nachgehört und auch nachgefragt, ob sich diese Person in einem verbesserten Zustand befindet. Aus meinen Erfahrungen hat sich gezeigt, dass solche Gespräche nahezu immer positiv weitergewirkt haben. Zumeist habe ich durch solche Gespräche ein größeres Vertrauensverhältnis mit meinen Mitarbeitenden aufbauen können.

Eigene Fehler erkennen, eingestehen und ehestmöglich korrigieren

Auch dieser Ratschlag sollte eine Selbstverständlichkeit für alle Menschen sein. Dennoch tun sich sehr viele Personen mit dieser Empfehlung schwer. Dies gilt leider auch für viele Führungskräfte. Dabei ist vermutlich jedem klar, dass es besser ist, Fehler einzugestehen und rasch zu korrigieren, als zu hoffen, dass solche manchmal auch gravierende Fehler nicht erkannt werden.

Zugegeben, es ist nicht immer einfach und offensichtlich, einen Fehler als solchen zu erkennen. Darum spreche ich von bereits ersichtlichen Fehlern bzw. von solchen, die sich mit hoher Wahrscheinlichkeit als solche herausstellen werden.

Meine Empfehlung ist, im eigenen Verantwortungsbereich eine Fehlerkultur zu entwickeln, die es erlaubt, Fehler zu bekennen und daraus zu lernen. Darum gilt für mich: „Nur wer nichts macht, macht keine Fehler".

Allerdings gilt für mich auch, dass Untätigkeit ein besonders großer Fehler ist, da Stillstand zumeist Rückschritt bedeutet.

Da eine Führungskraft immer auch eine Vorbildrolle einnehmen sollte, habe ich die angesprochene Fehlerkultur ebenso bei mir selbst angewandt. Wenn sich eine Entscheidung oder eine Maßnahme meinerseits als Fehler gezeigt haben, habe ich nicht versucht, diese zu vertuschen.

E. Minar, *Praxistipps für Nachwuchs-Führungskräfte*, https://doi.org/10.1007/978-3-658-44030-5_2

Ich habe diese als solche eingestanden und angestrebt, diese so rasch als möglich zu korrigieren. Bei größeren erkennbaren Fehlern habe ich bei Bedarf meinen Vorgesetzten einbezogen und meinen Lösungsvorschlag gleich mitpräsentiert.

Zumeist waren meine Vorgesetzten mit meiner Offenheit zufrieden, da sie dadurch recht sicher sein konnten, dass erkannte Fehler rasch korrigiert werden. Mit meinen Mitarbeitenden bin ich gleichermaßen vorgegangen und habe sie ermuntert, ersichtliche Fehlentwicklungen nicht zu verheimlichen, sondern mit oder ohne meine Unterstützung zu beheben.

Für mich selbst galt, dass ich den gleichen Fehler nicht nochmals machen dürfe. Diese Haltung habe ich an meine Mitarbeiter kommuniziert und bei Bedarf Maßnahmen getroffen, sie bei möglichen ähnlich gelagerten Fehlermöglichkeiten zu unterstützen.

Ich hatte einmal einen Management-Kollegen, der seine fehlerhaften Entscheidungen partout nicht eingestehen wollte und sich dadurch in eine immer schwierigere Situation gebracht hat, bis seine Vorgesetzten die Fehlerkette entdeckt haben. Selbst dann wollte er seine Fehler nicht einsehen. Die Konsequenz war, dass er das Unternehmen später einvernehmlich verlassen hat.

Darum halte ich fest: jeder Mensch macht Fehler. Diese als solche zu erkennen und einzugestehen ist der erste besonders wichtige Schritt. Danach sollten die korrigierenden Maßnahmen ehest möglich folgen. Wesentlich ist, dass der gleiche oder ein sehr ähnlicher Fehler nicht wiederholt werden sollte.

Authentisch bleiben

Dieser Ratschlag bezieht sich nicht nur auf das Privatleben, sondern insbesondere auf das Berufsleben. Dies gilt für das Bewerbungsgespräch ebenso wie für den beruflichen Alltag, für die Gespräche mit eigenen Mitarbeitenden und mit Kolleginnen und Kollegen.

Man kann sich im Rahmen eines Bewerbungsgesprächs anders zeigen als man ist. Aber spätestens nach einigen Wochen werden die Unterschiede zwischen der im Gespräch dargestellten und der später handelnden Person im beruflichen Alltag erkennbar.

Es gibt Menschen, die sich in Bewerbungsgesprächen exzellent selbst verkaufen können, die eigene Fähigkeiten und Qualifizierungen als deutlich besser darstellen, als sie in Wirklichkeit sind. Solche Personen bezeichne ich als „Blender". Auch ich habe gelegentlich bei meinen geführten zehntausenden Einstellungsgesprächen derartige Blender nicht als solche erkannt.

Personalleiter und HR-Manager können gleichfalls ein Lied von solchen Personen singen, wenngleich sie sicherlich ein besseres Gespür für nicht authentisch kommunizierende und handelnde Personen entwickelt haben als ich selbst.

E. Minar, *Praxistipps für Nachwuchs-Führungskräfte*, https://doi.org/10.1007/978-3-658-44030-5_3

Da ich selbst über die Einstellung von sehr vielen Führungskräften entschieden habe, war mir immer lieber, wenn Bewerber ihre Erfahrungen und Kenntnisse nicht übertrieben bzw. sogar vorgetäuscht haben. Ich konnte besser damit umgehen, wenn ein Bewerber offen und ehrlich bekannt hat, in welchen Bereichen er Verbesserungspotenziale sieht und wie er diese zu beheben gedenkt.

Niemand kann sich auf Dauer verstellen und vorgeben, anders zu sein, als man selbst ist, denkt oder handelt. Früher oder später erkennen dies Kolleginnen und Kollegen bzw. Vorgesetzte. Sich ständig verstellen zu müssen, würde außerdem zu psychischen und manchmal auch gesundheitlichen Problemen führen.

Natürlich kann man sich anpassen und bemühen, sich möglichst so zu verhalten, wie man vorgibt zu sein. Es könnten sich sogar eine gewisse Zeit lang Verbesserungen in die angestrebte Richtung zeigen, sowohl was die beruflichen Fähigkeiten als auch die charakterlichen Eigenschaften betrifft.

Meine jahrzehntelangen Erfahrungen zeigen allerdings, dass Täuschungen und Verstellungen auf lange Sicht nicht halten. Darum ist mein Plädoyer an junge Fach- und Führungskräfte, authentisch zu bleiben. Wenn Sie diesbezüglich bei sich Mängel oder Defizite erkennen, dann sollten Sie an sich arbeiten, bis Sie authentisch ihre fachlichen Verbesserungen präsentieren können.

Diese klare Empfehlung meinerseits an alle und besonders an junge Fach- und Führungskräfte gilt insbesondere für Bewerbungsgespräche. Seien und bleiben Sie authentisch. Es ist besser, sich nicht zu verstellen bzw. sich nicht als eine Person mit anderen Einstellungen und anderen fachlichen Kenntnissen auszugeben, da dies früher oder später ohnedies erkannt werden würde und danach eine weitere Entwicklung im gleichen Unternehmen vermutlich behindern würde.

Dagegen ist es unvergleichlich besser, sich darzustellen wie man ist, seine eigenen fachlichen Defizite zu bekennen und zu erläutern, wie man diese beheben will. Damit können Personalleiter und künftige Vorgesetzte besser umgehen.

Gerade in den heutigen Zeiten, in denen Unternehmen und Personalleiter händeringend immer mehr Ausschau nach potenziellen Fach- und Führungskräften halten, sind die Chancen für Bewerber sehr gut, selbst wenn gewisse Defizite oder Mängel betreffend die geforderten Qualifikationen bestehen sollten. Gemeinsam mit dem HR-Manager und mit dem möglichen künftigen Vorgesetzten könnten bereits vor der Einstellung Maßnahmen besprochen werden, wie mögliche berufliche Defizite behoben werden könnten. Damit wäre allen Seiten am meisten geholfen.

Vorbild sein betreffend Selbstdisziplin

Eine Führungskraft sollte sich vorbildlich verhalten. Auch wenn dies nicht immer gelingen mag, so sollte sie sich stets Mühe geben. Ein altes Sprichwort sagt: „wie der Herr, so's Gescherr" [42]. Selbst die alten Römer kannten ein ähnliches Sprichwort. Die Kernaussage mit Bezug auf die Zusammenarbeit und auf das Verhältnis zwischen Führungskraft und Mitarbeitenden lautet, dass sich diese in gewisser Weise dem Verhalten der Vorgesetzten anpassen.

Wenn ein Vorgesetzter oder eine Vorgesetzte hohe Selbstdisziplin zeigen, dann werden sich die Mitarbeitenden Schritt für Schritt anpassen, auch wenn sie dazu nicht direkt aufgefordert werden. Ich kann dies aus meinen eigenen Erfahrungen sehr gut nachvollziehen.

In aller Bescheidenheit darf ich von mir sagen, dass mir immer nachgesagt wurde, in vielfacher Hinsicht ein Vorbild in punkto Selbstdisziplin zu sein. Dies gilt insbesondere betreffend Zuverlässigkeit, Pünktlichkeit, Höflichkeit und gepflegtes Auftreten. Diese Aspekte bedürfen einer großen Portion Selbstdisziplin.

Manchmal haben mich meine Management-Kollegen gefragt, warum ich alle mir zugewiesenen To-Dos aus den gemeinsamen Management-Meetings mit unserem Vorgesetzten immer termingerecht erledigen würde, warum ich meine erforderlichen Berichte immer zeitgerecht abliefern würde, warum ich selbst am Morgen und unter Stress höflich bleiben würde.

Meine Antwort war immer dieselbe: „Weil ich dies auch von meinen Mitarbeitern und Mitarbeiterinnen erwarte. Wie kann ich von meinen Mitarbeitenden etwas fordern, was ich selbst nicht bereit bin zu leisten?"

Wenn ich meinem Team etwas versprochen habe, dann habe ich mich stets darangehalten oder eine plausible Erklärung dafür gegeben, warum ich etwas nicht einhalten könne. Diese Einstellung färbt früher oder später auf die eigenen Mitarbeitenden ab.

Einmal hat mich ein Management-Kollege, dessen Arbeitsalltag üblicherweise nie vor neun Uhr begonnen hat, gefragt, als er mich überraschend kurz vor halb neun Uhr an meinem Arbeitsplatz besuchte: „Ich verstehe nicht, warum alle Deine Team-Mitarbeiter schon um diese Uhrzeit fleißig am Arbeiten sind, während von meinem Team noch niemand anwesend ist."

Meine Antwort war einfach: „Es gibt keine Anweisung dazu meinerseits. Aber alle wissen, dass ich zumeist der erste hier am Arbeitsplatz bin. Meine Arbeitszimmertür ist immer offen (darauf komme ich noch später zurück), darum weiß ich, wann jemand üblicherweise am Morgen hier auftaucht. Mehr brauche ich nicht zu tun."

Dieser Kollege meinte, dass er dies ebenfalls versuchen werde. Ich weiß nicht, ob ihm dies gelungen ist. Vorbildliches Verhalten und Selbstdisziplin sollten keine Eintagsfliege sein. Um auf Mitarbeitende abzufärben, sollten sie dauerhaft vorgelebt werden.

Einmal hat sich ein Mitarbeiter vor vielen Jahren bei mir im Rahmen eines Mitarbeitergesprächs bedankt, dass er dank meiner Person sein Verhalten umgestellt habe, dass er um eine halbe Stunde früher am Arbeitsplatz eintreffen würde als zuvor, dass er seine Berichte zeitgerecht abliefern und seine Terminzusagen einhalten würde.

Das hat mich innerlich sehr gefreut, weil ich genau dies erreichen wollte, nämlich dass sich meine Mitarbeiter und Mitarbeiterinnen ohne allzu starken Druck meinerseits, sondern durch vorbildliches Verhalten meinerseits anpassen würden.

Darum mein Ratschlag an Nachwuchs-Führungskräfte: Streben Sie danach, sich immer bzw. zumindest zumeist vorbildlich zu verhalten und zeigen Sie Selbstdisziplin in punkto Zuverlässigkeit, Höflichkeit und Pünktlichkeit. Sie werden sehen und erleben, dass sich Ihre Mitarbeitenden nach einer gewissen Zeit wie zwangsläufig in gewisser Weise anpassen werden.

Sich an die Unternehmenskultur anpassen

Bei dieser Empfehlung handelt es sich um einen Ratschlag, welchen Sie jeweils zu Beginn Ihrer Tätigkeiten in einem neuen Unternehmen beherzigen sollten.

Ich hatte in meiner beruflichen Karriere etwa fünfzehn zum Teil sehr unterschiedliche Unternehmenskulturen erlebt und mich entsprechend angepasst. So waren beispielsweise die Unternehmenskulturen in dem japanischen Unternehmen und in den zwei amerikanischen Unternehmen sehr unterschiedlich. Meine Erfahrungen in weiteren deutschen, Schweizer, niederländischen, schwedischen und österreichischen Unternehmen haben gezeigt, dass sich die Unternehmenskulturen zwischen den Extremen der amerikanischen und japanischen Unternehmen bewegt haben.

Von Kollegen bzw. Kolleginnen habe ich erfahren, dass diese sehr ähnliche Erfahrungen bei anderen amerikanischen und japanischen Unternehmen gemacht haben. Oftmals war entscheidend, ob es sich um ein börsennotiertes Unternehmen oder um ein Familienunternehmen oder um ein Private Equity gesteuertes Unternehmen gehandelt hat.

In amerikanischen Unternehmen wird man als Führungskraft zwar sehr freundlich aufgenommen, wird allerdings sehr eng geführt. Wöchentliche schriftliche Berichte oder mündliche Berichterstattungen sind dann

E. Minar, *Praxistipps für Nachwuchs-Führungskräfte*, https://doi.org/10.1007/978-3-658-44030-5_5

an der Tagesordnung. Wenn die Ergebnisse nicht den Erwartungen entsprechen, kann es sogar zu täglich geforderten Berichten kommen.

Als ich einmal in einem amerikanischen Unternehmen zu einem üblichen Berichtsmeeting erscheinen sollte, hatte ich großes Lob erwartet, da ich mit meiner Gruppe den budgetierten Umsatz um etwa siebzig Prozent übertroffen hatte. Stattdessen wurde ich fast gefeuert, weil ich gleichzeitig das Kostenbudget um rund zehn Prozent überzogen hatte und weil ich mir dafür nicht vorgängig das Okay der Unternehmenszentrale eingeholt hatte.

Dagegen habe ich in einem japanischen Unternehmen, für welches ich immerhin über 17 Jahre lang tätig war, deutlich mehr Freiräume erhalten. In den ersten Jahren wurde mir zwar ein Japaner aus der Unternehmenszentrale als „Aufpasser" zur Seite gestellt. Nach etwa drei Jahren hatte ich volles Vertrauen erworben. Wesentlich war, dass mein Unternehmensbereich die Verkaufsziele erreicht hat. Das Wie dazu wurde mir und meinen Mitarbeitern überlassen.

Damit will ich anregen, dass sich auch Nachwuchs-Führungskräfte mit der Unternehmenskultur des potenziell künftigen Arbeitgebers auseinandersetzen sollten. In großen internationalen, aber auch in mittelgroßen Unternehmen ist ein Manager gut beraten, sich mit der jeweiligen Unternehmenskultur anzufreunden und sich anzupassen.

In kleineren Unternehmen und insbesondere in Start-up-Betrieben können Führungskräfte die jeweilige Unternehmenskultur mitprägen bzw. maßgeblich beeinflussen. Diese Erkenntnis sollten Nachwuchs-Führungskräfte bei ihrer Entscheidung für eine neue Aufgabe mitberücksichtigen.

Wenn man als Interim Manager tätig ist, wie ich in meinen letzten sieben Mandaten, dann ist zumeist eine Anpassung an die Unternehmenskultur nicht erforderlich. Dennoch sollte man diese kennen, um nicht gravierend dagegen zu verstoßen.

Loyal zu Unternehmen und Vorgesetzten sein und dies bis zuletzt bleiben

Wenn ich heutzutage manchmal mit jüngeren Führungskräften spreche, dann wird mir gerade bei diesem Ratschlag sehr oft die Frage gestellt, warum ich dies für wichtig erachte. Wenn ich noch an meinen letzten Arbeitstagen in einem Unternehmen bis spätabends durchgearbeitet habe, wurde ich von manchen meiner Kollegen oder meiner früheren Mitarbeitenden gefragt, wieso ich dies machen würde und wieso ich mich noch bis zuletzt für dieses Unternehmen derart einsetzen würde.

Meine Antwort war immer sehr ähnlich: „Dieses Unternehmen hat mich angestellt und mich immer gut und fair behandelt. Dieses Unternehmen hat mir mein Gehalt bis zum letzten Tag bezahlt. Deshalb verdient dieses Unternehmen meinen vollen Einsatz bis zuletzt."

Darum habe ich gegenüber meinen Mitarbeitenden, aber auch gegenüber Außenstehenden niemals ein negatives Wort über das Unternehmen, für das ich gerade tätig war, bzw. über meine Vorgesetzten geäußert, sondern versucht, deren Entscheidungen zu erläutern und zu vertreten, selbst wenn ich manchmal etwas anderer Meinung gewesen bin.

Meine Vorgesetzten konnten sich meiner Loyalität immer sicher sein und haben dies auch sehr geschätzt. Wenn ich andere Meinungen oder andere Ansichten als meine Vorgesetzten hatte, so habe ich dies mit ihnen

© Der/die Autor(en), exklusiv lizenziert an Springer Fachmedien Wiesbaden GmbH, ein Teil von Springer Nature 2024
E. Minar, *Praxistipps für Nachwuchs-Führungskräfte*,
https://doi.org/10.1007/978-3-658-44030-5_6

unter vier Augen diskutiert und besprochen. Zumeist habe ich die differenzierten Entscheidungen meiner Vorgesetzten bzw. seitens der obersten Unternehmensleitungen aus deren Sichtweise nachvollziehen können. Dadurch fiel es mir umso leichter, diese Sichtweise gegenüber meinen Mitarbeiterinnen und Mitarbeitern zu vertreten. Damit konnte ich diese zumeist auf die Unternehmenslinie bringen und deren Unterstützung für diese Sichtweise gewinnen.

Ich hatte viele Management-Kollegen erlebt, die bei ihren Mitarbeitenden „wie Rohrspatzen" über die Unternehmensleitung oder über den gemeinsamen Vorgesetzten geschimpft haben, ohne die Sichtweise des Unternehmens zu erläutern. Darum war es oftmals verständlich, dass die Mitarbeiter und Mitarbeiterinnen dieser Manager die Hintergründe solcher Entscheidungen nicht verstanden haben und damit auch nicht die Unternehmenslinie mit Überzeugung vertreten haben. Ich fand dies sehr schade.

Wenn ich manche dieser Management-Kollegen im Vieraugen-Gespräch gefragt habe, warum sie sich so illoyal zum Unternehmen und zum Vorgesetzten verhalten würden, dann wurde mir gelegentlich gestanden, dass sie sich auf diese Weise ihr eigenes Leben leichter machen würden. Wenn man anderer Meinung sei als die Unternehmensleitung, dann sei es einfacher, über Entscheidungen von vorgesetzten Stellen zu lästern, als diese zu verteidigen. Manchmal kam als Einwand, dass es diesen ehemaligen Management-Kollegen wichtiger wäre, ihre eigene Glaubwürdigkeit gegenüber den eigenen Mitarbeitenden zu erhalten.

Gelegentlich habe ich diesen Management-Kollegen die Frage gestellt, was für sie wichtiger sei: der Vorgesetzte oder die Mitarbeitenden. Wenn sie zu entscheiden hätten, in Kürze ein wichtiges Gespräch mit ihrem Vorgesetzten oder mit einem ihrer Mitarbeiter zu führen, wofür würden sie sich entscheiden?

Für mich nicht sehr überraschend waren die Antworten dieser eher illoyalen Management-Kollegen zumeist dieselben: „Mir sind meine Mitarbeiter wichtiger als mein Vorgesetzter und darum würde ich mich für ein vorrangiges Gespräch mit meinem Mitarbeiter entscheiden." Meistens kam die Rückfrage an mich, wie ich mich entscheiden würde. Für eine solche Rückfrage war ich dankbar, weil ich meine Sichtweise vertreten konnte:

„Für mich sind meine Vorgesetzten und meine Mitarbeiter sehr wichtig. Wenn ich entscheiden müsste, wem ich bei einem anstehenden Gespräch den Vorzug geben würde, dann entscheide ich mich für meinen Vorgesetzten. Wenn ich eine gute und loyale Beziehung zu meinem Vorgesetzten aufbaue und diese erhalte, dann könnte ich bei diesem bei Bedarf mehr für meine Mitarbeitenden erreichen. Damit wäre auch diesen sicherlich mehr geholfen."

Viele, allerdings nicht alle meine Management-Kollegen haben diese Argumentation verstanden und versucht, ihre Haltung gegenüber dem Vorgesetzten und dem Unternehmen zu ändern. Ich hoffe, dass Sie, werte Lesende, verstanden haben, dass Loyalität gegenüber dem Unternehmen und gegenüber dem eigenen Vorgesetzten sehr wichtig und bedeutsam ist und maßgeblichen Einfluss auf die eigene Karriere-Entwicklung haben könnte.

Da ich mehrfach für amerikanische Unternehmen tätig war bzw. mit US-Unternehmen zusammengearbeitet habe, weiß ich aus Erfahrung, dass dort die Loyalität dem Unternehmen gegenüber zumeist am Tag der Kündigung endet, egal ob man selbst die Kündigung ausspricht oder gekündigt wird. Darum werden in amerikanischen Unternehmen Manager sofort oder innerhalb von wenigen Tagen freigestellt.

Mir persönlich war ein solches Verhalten immer außerordentlich befremdlich. Ich konnte nie verstehen, warum sich amerikanische Führungskräfte, die immer auch Vorbilder sein sollten, so verhalten. Ich selbst habe meine Arbeitsverträge immer bis zum letzten vereinbarten Arbeitstag in vollem Umfang und mit höchstem Engagement erfüllt, da ich dies in gleichem Maße von meinem jeweiligen damaligen Arbeitgeber erwartet und auch immer erhalten habe.

In einem Fall mit einer neun-monatigen Kündigungsfrist habe ich meinen Arbeitsvertrag ebenfalls bis zum letzten Tag erfüllt, obwohl mich dies fast eine Top-Management-Anstellung in einem anderen internationalen Unternehmen gekostet hätte.

Meine innere Überzeugung, mich hundertprozentig loyal und vollengagiert bis zum letzten Arbeitstag zu verhalten, hat mir in zwei Fällen entscheidende Vorteile gebracht. Schon ein kurzes Sprichwort besagt: „Man sieht sich mehrfach im Leben".

In einem Fall hat mir ein früherer Vorgesetzter entscheidend geholfen, ein sehr gutes Interim-Management Mandat zu erhalten. Im anderen Fall

haben zwei frühere Vorgesetzte für mich so exzellente Referenzen ab-
gegeben, dass ich mich in der Finalentscheidung um eine für mich besonders reizvolle und hochinteressante Top-Management Herausforderung gegen zwei weitere Kandidaten durchgesetzt habe. In beiden
Fällen wurden meine absolute Loyalität und mein hundertprozentiges
Engagement bis zum letzten Arbeitstag besonders gewürdigt.

Für Nachwuchs-Führungskräfte ist es essenziell zu wissen, dass Headhunter bzw. Personalleiter bei Neueinstellungen von Führungskräften
nahezu immer nach möglichen Referenzen fragen und diese auch inter-
viewen. Je mehr Referenzgeber man mit gutem Gewissen anführen kann,
desto besser kommt dies bei einem Headhunter oder bei Personalleitern an.

Darum meine klare Empfehlung auch an Sie: Beweisen Sie Ihre Loyalität bis zuletzt, auch wenn Ihnen gekündigt wird und selbst, wenn Ihnen
dies schwerfallen sollte. Dies wird Ihnen nicht schaden, kann allerdings
zu einem späteren Zeitpunkt sehr nutzbringend sein.

Ausgewogene Work-Life-Balance

Auch in den deutschsprachigen Ländern wird Work-Life Balance ein immer relevanteres Thema. Dennoch sollten Nachwuchs-Führungskräfte und damit künftige potenzielle Top Manager einen Helikopter-Blick einnehmen und nicht nur die Vorteile für Arbeitnehmer beachten, sondern die negativen Auswirkungen auf Unternehmen und auf die Gesamtwirtschaft im Fokus haben.

Bei den Erwerbstätigen der jüngeren und mittleren Altersgruppen, bei den sogenannten „Y"- und „Z"-Generationen, also bei den Jahrgängen ab etwa 1985, wird immer deutlicher eine veränderte Work-Life-Balance angestrebt, bei der neben dem Arbeitsleben das soziale Leben nicht zu kurz kommen sollte. Potenzielle Fach- und Führungskräfte können bereits heute oftmals unter mehreren Job-Angeboten wählen. Dabei äußern sie vielfach Wünsche nach Arbeitsverhältnissen, die ihnen mehr Freiräume und Freizeiten für ihre sozialen Bedürfnisse ermöglichen.

Diese Ausgewogenheit von Berufs- und Privatleben soll vier Lebensbereiche betreffen: a) das berufliche Leben, b) alles, was die Sinne anspricht wie Liebe, Kunst und Selbstverwirklichung, c) Gesundheit und Körper mit regelmäßigem Sport und Entspannung und d) die soziale Komponente mit Familie und Freunden.

© Der/die Autor(en), exklusiv lizenziert an Springer Fachmedien Wiesbaden GmbH, ein Teil von Springer Nature 2024
E. Minar, *Praxistipps für Nachwuchs-Führungskräfte*,
https://doi.org/10.1007/978-3-658-44030-5_7

Diesem immer häufiger artikulierten Bedürfnis nach einer größeren Gewichtung des Privatlebens und der zwischenmenschlichen sozialen Kontakte stehen diametral die Interessen der Wirtschaft entgegen, die dringend Arbeitskräfte und vor allem Fachkräfte benötigt. Da diese immer größer werdenden Forderungen der Erwerbstätigen gegenüber den Unternehmen und Arbeitgebern die Wirtschaftskraft der Industrienation Deutschland gefährden, sollte das Verhältnis „Work" zu „Life" ausgewogen und maßvoll bleiben.

In anderen großen Industrienationen und insbesondere in den ostasiatischen Staaten werden keine bzw. deutlich weniger Forderungen nach einer veränderten Work-Life-Balance geäußert. Darum empfehle ich ein ausgewogenes Maß zwischen beruflichen Tätigkeiten und privatem bzw. sozialem Leben.

Ich bekenne, dass in meinen jüngeren Jahren als Führungskraft generell der Anteil von beruflicher Arbeit eine deutlich größere Bedeutung hatte als das Privatleben. So haben insbesondere die Baby Boomers mit Geburten-Jahrgängen von 1946 bis 1964 den Begriff „Workaholic" geprägt. Damals kam ich als Führungskraft auf durchschnittliche Arbeitszeiten von 100 h pro Woche. Rückblickend mag dies aus heutiger Sicht etwas übertrieben erscheinen, aber es hat mir nicht geschadet. Ich bin überzeugt, dass es meiner Karriere-Entwicklung wesentlich geholfen hat.

Nach meiner Ansicht sollte man von einem Arbeitnehmer Wochenarbeitszeiten von 40 h erwarten dürfen. Im gleichen Sinne sollte man von einer Führungskraft 55 bis 60 Wochenarbeitsstunden erwarten können. Natürlich darf und wird kein Unternehmen bzw. Arbeitgeber eine solche Erwartung an Führungskräfte aussprechen, da dies ungesetzlich wäre und Arbeitnehmer-Vertretungen dagegen protestieren und rechtlich vorgehen könnten.

Da dieses Buch Ratschläge für Nachwuchs-Führungskräfte vermitteln soll, möchte ich dennoch auf diese wichtigen Aspekte hinweisen. Natürlich sollte auch für Führungskräfte die Qualität ihrer Tätigkeiten eine größere Bedeutung haben als die Anzahl der geleisteten Arbeitsstunden. Wenn Sie als junge Führungskraft dieses Buch aufmerksam lesen, wenn Sie erste Erfahrungen als Führungskraft gesammelt haben, werden Sie verstehen, wie wichtig diese Aufgaben sind und dass 37 oder 40 Wochenstunden vermutlich nicht ausreichen.

Wenn Ihnen eine Führungsposition auf einer unteren Management-Ebene genügen sollte, dann können Sie gerne auf Ihren vertraglichen Wochenstunden beharren. Sollten Sie, wie vermutlich die meisten Lesenden, die Karriere-Leiter weiter nach oben erklimmen wollen, dann sollte Ihnen bewusst sein, dass auch vom obersten Management zumeist ein Mehr nicht nur an qualitativer Arbeit erwartet wird.

Ich selbst habe als Manager in obersten bzw. in höheren Hierarchiestufen über Beförderungen von Mitarbeitern und Mitarbeiterinnen in höhere Management-Stufen entschieden. Dabei hat nicht nur eine exzellente qualitative Arbeit eine maßgebliche Rolle gespielt. Ich musste mich verlassen können, dass Führungskräfte ihre beruflichen Erfordernisse termingerecht erbringen. Führungskräfte, die ihren Arbeitsplatz ständig um 17:00 Uhr verlassen haben, die nicht bereit waren, bei Bedarf auch mal abends oder am Wochenende erforderliche Aufgaben zu verrichten, hatten deshalb schlechtere Karten bei mir.

Ich vermute, dass die überwiegende Anzahl der Lesenden dieses Buches diese Aspekte verstehen und in gewissem Maße bereits danach handeln. Darum sollten Sie auch Kenntnis haben, welchen Schaden die gegenwärtig immer lauter werdenden Forderungen nach Viertage-Arbeitswochen bei vollem Lohnausgleich für die Wirtschaft und damit für den Wohlstand der Bevölkerung verursachen könnten. Diesbezüglich möchte ich einige Zahlen bezogen auf Deutschland anführen.

Gegenwärtig mehren sich die Versuche von Gewerkschaften und Arbeitnehmer-Vertretungen, die gesetzlichen wöchentlichen Arbeitszeiten in Deutschland zu reduzieren. Solche Forderungen werden zumeist auf Bestrebungen basiert, die Work-Life-Balance für die Interessen der Arbeitnehmer zu verbessern. Im weltweiten Vergleich sind die Wochenarbeitszeiten in Deutschland insgesamt bereits sehr arbeitnehmerfreundlich.

Die heutige gesetzliche Vollzeitstelle in Deutschland beträgt 37,5 Wochenstunden. Im Durchschnitt arbeiteten deutsche Arbeitnehmer im Jahr 2021 deutlich weniger als in der EU: 34,7 h in Deutschland im Vergleich zu 37,0 h in der gesamten EU [33]. Im Schnitt wurden in Deutschland im Jahr 2021 in einer Vollzeitstelle 40,5 h gearbeitet und 20,8 h in einer Teilzeitstelle [33].

Eine weitere Reduktion der Wochenarbeitszeiten in Deutschland wäre kontraproduktiv und schädlich für das deutsche Wirtschaftswachstum. Sollten die Wochenarbeitszeiten weiter sinken, würde die Wettbewerbsfähigkeit Deutschlands erheblich leiden und internationale Unternehmen würden vermutlich ihre Investitionen in Deutschland weiter herunterfahren. Dazu kommt, dass Deutschland künftig aufgrund der zu geringen Geburtenraten in einen verstärkten Arbeitskräfte- und Fachkräfte-Mangel geraten würde.

Der internationale Vergleich der Wochenarbeitszeiten zeigt deutlich, dass Deutschland betreffend die gesetzlichen Wochenstunden sehr arbeitnehmerfreundlich eingestellt ist. Im Vergleich zu den 37,5 Wochenstunden in Deutschland liegt Österreich gesetzlich bei 40 Wochenstunden. In der Schweiz gelten gesetzlich 42 Wochenstunden. Übrigens, in der Schweiz wurden alle bisherigen vier Volksabstimmungs-Initiativen zur Reduktion von Wochenarbeitszeiten vom Schweizer Volk mit sehr deutlichen Mehrheiten abgelehnt, um die Schweizer Wettbewerbsfähigkeit zu erhalten.

In den USA gelten gesetzlich 40 Wochenstunden sowie auch offiziell in Südkorea, Japan und China. In China werden allerdings trotzdem durchschnittlich 43,3 Wochenstunden gearbeitet. In Singapur gelten nach wie vor gesetzlich 44 Wochenarbeitsstunden. Frankreich hingegen kennt die 35-Stunden-Woche. In Schweden wird auf kommunaler Ebene sogar mit 30-Stunden-Wochen experimentiert.

Betrachtet man den internationalen Vergleich der effektiven Wochenarbeitszeiten [32], dann erkennt man, dass die durchschnittliche Wochenarbeitszeit der 20- bis 64-jährigen Erwerbstätigen in Deutschland im Jahr 2021 nur 35,3 h betrug und damit deutlich unter dem EU-Durchschnitt von 37,4 h lag. In diese Betrachtung flossen Erwerbstätige in Voll- und Teilzeit ein. Gemäß dieser Studie arbeiteten Erwerbstätige in Griechenland am längsten (41,3 h). Tschechien mit 39,7 Wochenstunden, Schweden mit 38,8 h und selbst Frankreich mit 37,1 h leisteten höhere durchschnittliche Wochenarbeitszeiten.

In einem weltweiten Vergleich der geleisteten jährlichen Arbeitsstunden im Jahr 2017 lag Deutschland mit durchschnittlich geleisteten jährlichen 1353 Arbeitsstunden der Erwerbstätigen gar nur auf Rang 66 [39]. Erfolgreiche Industrienationen landeten deutlich vor Deutschland:

Singapur mit 2238 durchschnittlich geleisteten Arbeitsstunden lag auf Rang 5, die Volksrepublik China mit 2175 h auf Rang 11. Die USA nahm mit durchschnittlich 1757 h Rang 39 ein. Damit leisteten Erwerbstätige in China im Jahr 2017 durchschnittlich um 61 % mehr Arbeitsstunden als deutsche Arbeitnehmer. US-Amerikaner arbeiteten durchschnittlich 30 % mehr als Deutsche. UK mit durchschnittlich 1670 Arbeitsstunden und Frankreich mit 1514 h waren durchschnittlich ebenfalls deutlich fleißiger als die Erwerbstätigen in Deutschland. Auch Österreich mit 1731 Arbeitsstunden und die Schweiz mit 1560 h lagen deutlich vor Deutschland [39].

Vier-Tage-Arbeitswochen würden konsequenterweise weniger Wochenarbeitszeiten bedeuten. Darum würden solche Schritte unweigerlich zu einem Wettbewerbsverlust Deutschlands im internationalen Vergleich führen. Sollte sich die Produktivität Deutschlands im internationalen Vergleich in den kommenden Jahrzehnten deutlich steigern, könnte über maßvolle Reduktionen der Wochenarbeitszeiten nachgedacht werden. Dies sollte aber nicht zum gegenwärtigen Zeitpunkt erfolgen.

Besonders die Tatsache, dass deutsche Arbeitnehmende gegenwärtig schon die geringste Anzahl von pro Jahr durchschnittlich geleisteten Arbeitsstunden aller G-20 Staaten verrichten, sollte auch Ihnen zu denken geben. Diesbezüglich tragen ebenso die arbeitnehmerfreundlichen Urlaubstage-Regelungen und die vergleichsweise hohe Anzahl an Feiertagen in Deutschland im Vergleich zu anderen Wirtschaftsnationen bei.

Zusammenfassend zu diesem Ratschlag empfehle ich Nachwuchs-Führungskräften, eine Bereitschaft zu zeigen, bei Bedarf mehr als die gesetzlich erforderlichen Wochenstunden zu leisten und eine ausgewogene Work-Life-Balance anzustreben, welche den Aspekt der beruflichen Arbeit nicht unterbewerten sollte. Dies würde sich vermutlich auf eine positive Karriere-Entwicklung auswirken.

Prioritäten setzen und diese ständig überprüfen

Auf Führungskräfte kommen tagtäglich neue Aufgaben hinzu, manche von diesen sind wichtig, andere erscheinen dringlich zu sein. Ähnliches gilt für E-Mails und Online-Nachrichten. In meinen letzten Mandaten habe ich durchschnittlich 250 berufliche E-Mails je Arbeitstag erhalten.

Da man vermutlich nicht alle Aufgaben selbst bei längeren Arbeitszeiten erledigen kann, ist es unerlässlich, Prioritäten beim Abarbeiten zu setzen. Diesbezüglich empfehle ich die bekannte „Eisenhower"-Matrix anzuwenden [37, 19]. Diese weitverbreitete Technik aus dem Zeit-Management wurde nach dem US-Präsidenten Dwight D. Eisenhower benannt, dem man nachsagt, dass er dieses Verfahren selbst angewandt und seinen Mitarbeitern gelehrt hätte:

© Der/die Autor(en), exklusiv lizenziert an Springer Fachmedien Wiesbaden GmbH, ein Teil von Springer Nature 2024
E. Minar, *Praxistipps für Nachwuchs-Führungskräfte*,
https://doi.org/10.1007/978-3-658-44030-5_8

Eisenhower Matrix nach
Wichtigkeit / Dringlichkeit

Wichtig, aber nicht dringlich	Wichtig und dringlich
Exakt terminieren und selbst erledigen	Sofort selbst erledigen
Weder wichtig noch dringlich	**Nicht wichtig, aber dringlich**
Nicht bearbeiten	Delegieren

Eine Aufgabe gilt dann als wichtig, wenn sie der Zielerreichung dient. Eine Aufgabe ist dringlich, wenn sie an einem bestimmten Zeitpunkt in der Zukunft ihren Sinn verlieren würde [19]. Laut Eisenhower-Prinzip soll man mit den Aufgaben im jeweiligen Quadranten wie folgt umgehen:

- **Wichtig und dringlich:** Diese Aufgaben sind von höchstem Wert, was die Erreichung von Zielen angeht. Sie sollten diese daher sofort selbst erledigen. Nur wenn Sie sich selbst um diese Aufgaben kümmern, können Sie sich sicher sein, dass diese Aufgaben auch wirklich erledigt werden.
- **Wichtig, aber nicht dringlich:** Da auch diese Aufgaben für die Zielerreichung wichtig sind, sollten Sie sich selbst darum kümmern. Die Erledigung ist allerdings nicht an einen bestimmten Zeitrahmen in der näheren Zukunft gebunden. Es genügt daher, sich einen genauen Zeitpunkt für die Erledigung dieser Aufgaben zu setzen.
- **Dringlich, aber nicht wichtig:** Diese Aufgaben sollten zeitnah erledigt werden. Es ist aber normalerweise nicht erforderlich, dass Sie sich selbst um die Erledigung dieser Aufgaben kümmern. Eisenhower empfiehlt daher, Aufgaben in diesem Quadranten nach Möglichkeit zu delegieren.
- **Weder wichtig, noch dringlich:** Aufgaben, die Sie Ihren Zielen nicht näherbringen und bei denen es obendrein egal ist, wann diese erledigt werden, haben den geringsten Wert. Diese Aufgaben kann man im Zweifel unerledigt lassen.

Dieses Prinzip ist anschaulich und einfach anzuwenden. Ich habe dieses selbst in meiner beruflichen Laufbahn, aber auch in meinem Privatleben immer wieder genutzt. Diese Vorgehensweise sollte ebenso für die zu erledigenden Aufgaben Ihres Teams bzw. Ihrer Abteilung oder Ihres Unternehmensbereichs angewandt werden. Darauf wird im dritten Teil noch eingegangen werden.

Für mich selbst habe ich meine beruflichen und privaten To-Dos sogar einmal pro Woche priorisiert und den Quadranten dieser Matrix zugeordnet. So habe ich nicht nur einen Überblick aller offenen und zu erledigenden Aufgaben bewahrt, sondern gleichzeitig diese so gruppiert, dass ich die wichtigen und dringlichen Aufgaben innerhalb des vorgegeben Zeitrahmens erfüllen bzw. umverteilen konnte.

Darüber hinaus habe ich täglich am Morgen drei bis maximal fünf Aufgaben definiert, die ich unbedingt an diesem Tag erledigen wollte. Zumeist geschah dies im Rahmen meiner Morgendusche.

Darum empfehle ich auch jeder Führungskraft und insbesondere den Nachwuchskräften, diese Präzisierung und Neubewertung aller offenen und zu erledigenden Aufgaben nicht nur für die Teamaufgaben, sondern auch für die eigenen beruflichen und privaten To-Dos anzuwenden und diesbezüglich einen Zeitrahmen festzulegen, in welchem Rhythmus diese Aufgaben allenfalls neu strukturiert und gruppiert werden.

Gelegentlicher Helikopter-Blick statt ständiges Hamsterrad

In der Fülle aller Aufgaben, die auf eine Führungskraft zukommen, kann man oftmals den Überblick verlieren. Ich kann mich gut an meine ersten Jahre als Führungskraft erinnern, in denen ich mich wie in einem Hamsterrad gefühlt habe. Ich hatte so viele Aufgaben zu erledigen, dass ich glaubte, keine Zeit zu haben, um innezuhalten und mir einen Überblick zu verschaffen.

Damals hat mir ein guter Freund geraten, mir eine Auszeit von zwei Tagen zu gönnen, um aus den alltäglichen Aufgaben herauszusteigen und mich quasi eine Stufe höher zu bewegen und einen „Helikopter-Blick" einzunehmen. Dabei sollte eine Selbstreflexion über das eigene Tun vorgenommen werden. Diese kritische Selbstreflexion sollte zu den wichtigsten Maßnahmen jeder Führungskraft zählen. Der achtsame Blick von oben auf das eigene Tun, auch „Adlerperspektive" genannt, dient der regelmäßigen Selbstoptimierung [36].

Mir hat zum damaligen Zeitpunkt diese praktizierte Selbstreflexion mittels Helikopter-Blicks so sehr geholfen, dass ich diese zumeist einmal im Quartal angewandt habe. Je nach Situation habe ich mich dafür ein oder zwei Tage vom Alltagsleben zurückgezogen und mich ausschließlich auf die Selbstreflexion fokussiert. Meist habe ich dafür einen Tag meines

© Der/die Autor(en), exklusiv lizenziert an Springer Fachmedien Wiesbaden GmbH, ein Teil von Springer Nature 2024
E. Minar, *Praxistipps für Nachwuchs-Führungskräfte*,
https://doi.org/10.1007/978-3-658-44030-5_9

Wochenendes genutzt, da ich dann sicher sein konnte, nicht von dringenden beruflichen Erfordernissen abgelenkt zu werden.

Ich habe beide mögliche Formen für mich getestet, die reine Selbstreflexion ohne externe Hilfe, und jene mit Unterstützung durch eine andere Person. Auf die Selbstreflexion mit externer Hilfe werde ich im fünften Teil nochmals eingehen.

Da gerade Nachwuchs-Führungskräfte oftmals von der Fülle der anstehenden Aufgaben überfordert werden könnten und sich ebenfalls wie in einem Hamsterrad fühlen mögen, empfehle ich diesen, die Methoden des Helikopter-Blicks für ihre Selbstreflexion über das eigene Tun anzuwenden.

Offen bleiben für neue technologische Entwicklungen und Trends

In unserer so schnelllebigen Zeit ist es für jede Führungskraft besonders bedeutsam, über neue technologische Entwicklungen und über wesentliche Trends informiert zu bleiben. Von Nachwuchs-Führungskräften darf man annehmen, dass sie über neueste relevante technologische Entwicklungen ohnedies sehr gut Bescheid wissen.

Wenn man einmal Führungsaufgaben übernommen hat, wird man feststellen, dass man immer weniger Zeit hat, sich in genügendem Maße über neueste Entwicklungen ausreichend zu informieren und sich selbst ein fundiertes Bild über aktuelle Trends zu machen. Dazu kommt, dass Führungskräfte entscheiden sollten, ob bzw. welche Neuentwicklungen für das Unternehmen oder für sich selbst wirklich relevant sind und verfolgt werden sollten.

In größeren Unternehmen können Führungskräfte oftmals auf interne Fachleute oder Stabstellen zurückgreifen, um sich über neue Technologie-Entwicklungen oder über neue gesellschaftliche Trends zu informieren. Auch wenn solche Fachkräfte verfügbar sein sollten, so empfehle ich Führungskräften, Mittel und Wege für sich zu finden, um sich mit neuen relevanten Technologien, Erkenntnissen und Entwicklungen auseinanderzusetzen.

E. Minar, *Praxistipps für Nachwuchs-Führungskräfte*, https://doi.org/10.1007/978-3-658-44030-5_10

Da Führungskräfte zumeist nicht genügend Zeit haben, um Fachliteratur zu neuen Technologien und gesellschaftlichen Trends zu lesen, empfehle ich in Bezug auf neue technologische Entwicklungen Reverse Mentoring [24] oder Reverse Coaching [7].

Mentoring ist ein Personalentwicklungs-Instrument, welches insbesondere in Unternehmen, aber auch im Wissenstransfer über persönliche Beziehungen genutzt wird. Als Mentor wird die Rolle eines Ratgebers oder eines erfahrenen Beraters bezeichnet, der mit seiner Erfahrung und seinem Wissen die Entwicklung von Mentees fördert [41]. Im Unterschied zum Coach ist ein Mentor üblicherweise nicht eigens für diese Tätigkeit ausgebildet, sondern verfügt lediglich über einen Erfahrungs- oder Wissensvorsprung. Zumeist sind Mentoren älter als Mentees.

Beim Reverse Mentoring bzw. Reverse Coaching lernen ältere Generationen von jüngeren. Dieses Konzept wird immer mehr von großen Unternehmen und Konzernen umgesetzt. Auch mittelständische Unternehmen und Familienunternehmen greifen immer häufiger das Reverse Mentoring auf [24]. Der Hauptgrund dafür liegt darin, dass jüngere Mitarbeiter über eine zumeist größere Fachexpertise im digitalen Sektor und bei den sozialen Medien verfügen.

Reverse Mentoring baut auf dem Erfahrungswert auf, dass fachliche Kompetenz keine Begleiterscheinung des Alters ist. Sowohl Mentoren als auch Mentees profitieren überwiegend von der positiven Lernerfahrung des Reverse Mentorings, auch wenn man einem solchen Projekt zu Beginn oft sehr skeptisch gegenübertritt [24]. In der Führungskräfte-Entwicklung wird Reverse Mentoring schon länger eingesetzt.

Zumeist hat sich dadurch die Unternehmens- und Innovationskultur verändert. Früher galt die Berufserfahrung als Führungskompetenz des Alters. Es ist inzwischen praktisch ein Fakt, dass „Digital Natives", also die Generation Y und insbesondere die Generation Z, über weitaus höheres Fachwissen bei den digitalen Medien verfügen. Im Reverse Mentoring kann der Manager vom Azubi und der Projektleiter vom Quereinsteiger lernen [24].

Im fünften Teil im Zusammenhang mit dem persönlichen Lernverhalten wird nochmals speziell auf den persönlichen Nutzen des Reverse Mentorings eingegangen werden.

Probleme effektiv angehen und lösen

Das frühzeitige Erkennen und Lösen von Problemen gehören zu den wesentlichen Aufgaben jeder Führungskraft. Ich persönlich spreche immer lieber von Herausforderungen statt von Problemen, da das Wort „Problem" tendenziell eher negativ besetzt ist, während „Herausforderung" auch eine positive Komponente enthalten kann, da man als Führungskraft dabei lernen kann.

Unbestritten ist, dass das Lösen und Bewältigen von beruflichen Herausforderungen anspruchsvolle und manchmal auch sehr schwierige Management-Aufgaben darstellen, vor der sich viele Führungskräfte zu scheuen scheinen oder die erforderliche richtige Herangehensweise möglichst weit hintan schieben.

Ich kannte einige Management-Kollegen, die sich Problemen und Herausforderungen nur ungern angenommen haben und darauf hofften, dass sich berufliche oder auch private Probleme früher oder später von allein lösen. Aus meinen Erfahrungen geschieht dies allerdings nur sehr selten.

Darum ist meine Empfehlung an Führungskräfte, Probleme bzw. Herausforderungen nicht auf die lange Bank zu schieben, sondern ehest möglich anzugehen und zu lösen anstreben. Das Lösen von beruflichen

E. Minar, *Praxistipps für Nachwuchs-Führungskräfte*, https://doi.org/10.1007/978-3-658-44030-5_11

Herausforderungen ist eine wichtige Management-Aufgabe und sollte, wie alle beruflichen Aufgaben, in gewisser Weise nach Wichtigkeit und Dringlichkeit priorisiert werden.

Nicht dringliche und unwichtige Herausforderungen können in der Tat auf die lange Bank geschoben werden. Dringliche, aber unwichtige Herausforderungen können oftmals mittels guter Delegation an Mitarbeitende oder Kollegen weitergegeben werden.

Wichtige, aber nicht dringliche Herausforderungen sollten erfasst, mit einem Zeitplan versehen und zu einem späteren Zeitpunkt angegangen werden. Dadurch sollte eine Führungskraft Zeit gewinnen, sich vor allem um die wichtigen und dringlichen Herausforderungen zu kümmern.

Auch betreffend den Schwierigkeitsgrad der Probleme bzw. der Herausforderungen sollte jede Führungskraft unterscheiden. Einfache und wenig komplexe Herausforderungen mit geringen Einflüssen auf das Unternehmensergebnis sollte eine Führungskraft gemeinsam mit seinem Team lösen können.

Anders sieht dies bei schwierigen und komplexen Herausforderungen aus, vor allem wenn sie Impact auf die Unternehmensergebnisse haben könnten. In solchen Fällen empfehle ich allen Führungskräften und insbesondere Nachwuchskräften, sich die Unterstützung des jeweiligen Vorgesetzten zu sichern.

Ich habe Verständnis, dass Führungskräfte auch bei schwierigen Herausforderungen beweisen wollen, dass sie diese allein und ohne Unterstützung bewältigen können. Aufgrund meiner Erfahrungen ist es nahezu immer vorteilhaft, in solchen Fällen die Vorgesetzten und allenfalls auch die Unternehmensleitungen zu involvieren, weil dadurch die Verantwortungen, die Herausforderungen zu meistern, von mehreren Schultern getragen werden, und weil dadurch die Unterstützungen und allenfalls mögliche Hilfsmittel größer sein könnten.

Gerade für junge Führungskräfte könnte es hilfreich sein, bei eher diffizilen Herausforderungen Mentoren oder gute Freunde oder gelegentlich auch externe Coaches zu involvieren.

Bei eher komplexeren Aufgabenstellungen und Herausforderungen habe ich für mich ein ergänzendes Vorgehen entwickelt, welches mir sehr oft geholfen hat. Ich habe erforderliche Entscheidungen zur Lösung eines beruflichen oder privaten Problems nicht sofort getroffen, sondern auf den kommenden Tag verschoben, weil ich quasi eine Nacht darüber schlafen wollte.

In diesen Fällen habe ich die Herausforderung, betreffend die ich eine Entscheidung treffen sollte, in wenigen Worten auf einer Seite Papier schriftlich festgehalten und diesbezüglich die Entscheidungsalternativen genau definiert. Vor dem Einschlafen habe ich diese schriftlichen Notizen mir selbst laut vorgelesen und dann meinen Geist bzw. mein Gehirn gebeten, mir bis zum kommenden Morgen die bestmögliche Alternative zu zeigen.

Sehr oft bin ich am kommenden Morgen erwacht und habe eine oder zwei alternative Vorgehensweisen klarer vor meinen Augen gesehen. Auf diese Weise habe ich möglicherweise nicht immer die beste Lösung erhalten, aber dennoch wurden mir selbst zumeist gute Vorgehensweisen vorgeschlagen.

Noch heute praktiziere ich ein solches Vorgehen. Ich kann nicht beurteilen, ob Ihnen ein solches Vorgehen hilfreich sein könnte. Ein Versuch würde sich allemal lohnen. Dennoch sollte ich darauf hinweisen, dass diese Praxis zur Lösung von Problemen bzw. zur Bewältigung von Herausforderungen auch bei mir nicht sofort gewirkt hat. Ich musste mein Gehirn an dieses Vorgehen gewöhnen.

Ein zusätzlicher Tipp diesbezüglich ist, wenn man in der Nacht erwachen sollte, sofort wieder an die erforderliche Entscheidung zu dieser Herausforderung zu denken, um dem Gehirn nicht ein Umschalten auf einen anderen Traum zu erlauben. Sollte dies allerdings den eigenen Schlafrhythmus zu sehr beeinträchtigen, sollte davon abgesehen werden.

Vertrauenswürdige Freunde suchen und erhalten

Auch Nachwuchs-Führungskräfte werden feststellen, dass es sehr vorteilhaft sein könnte, wenn man zuverlässige und vertrauenswürdige Freunde vor Ort hat, mit denen man sich über berufliche Themen austauschen könnte. Nicht alle beruflichen Themen lassen sich mit Management-Kollegen im gleichen Unternehmen, mit dem eigenen Vorgesetzten oder mit dem eigenen Ehe- oder Lebenspartner besprechen.

Darum ist es sehr ratsam, zwei bis drei besonders vertrauenswürdige Personen als Freunde an der Hand zu haben, mit denen offen über Führungsfragen oder über besondere betriebliche Probleme oder Herausforderungen oder allenfalls über Stresssituationen mit dem eigenen Vorgesetzten gesprochen werden kann. Sehr oft entwickeln sich solche Freunde auch zu Personen, mit denen man offen über mögliche private Probleme kommunizieren könnte.

Einer meiner Freunde hatte diesbezüglich einmal ein sehr negatives Erlebnis, weil ein vermeintlich vertrauenswürdiger Freund so gewonnene Informationen an den Vorgesetzten meines Freundes weitergetragen hat. In einem anderen Fall hat ein vermeintlich vertrauenswürdiger Freund die Aussagen seines Gesprächspartners seiner Frau erzählt, welche diese an Freundinnen „weitergetratscht" hat.

E. Minar, *Praxistipps für Nachwuchs-Führungskräfte*, https://doi.org/10.1007/978-3-658-44030-5_12

Darum sollte man bei der Auswahl solcher Freunde, mit denen man sehr offen über alle anstehenden Probleme sprechen kann, mit aller gebotenen Vorsicht vorgehen. Meine Erfahrungen zeigen, dass gerade vertrauensvolle Informationen manchmal leider so besonders interessant sind, um weitergetragen zu werden.

Die hundertprozentige Vertrauenswürdigkeit und absolute Verschwiegenheit müssen natürlich in beide Richtungen gelten. Darum ist es besser, lieber nur einen vollkommen vertrauenswürdigen Freund für solche Gespräche zu haben als zwei oder drei, bei denen auch nur die geringsten Zweifel bestehen könnten.

Ich selbst habe meine Verschwiegenheit über Informationen aus sehr vertrauensvollen Gesprächen immer eingehalten, selbst meinem Ehepartner gegenüber. Lieber hätte ich mir die Zunge abgebissen, als solche Informationen weiterzutragen.

Darum empfehle ich, solche vertrauensvollen Gespräche immer persönlich unter vier Augen zu führen. Selbst Video-Meetings oder Telefonate bergen die Gefahren abgehört zu werden. Deshalb sind zwei bis drei solche, absolut vertrauenswürdige und zuverlässige Freunde vor Ort vorteilhaft, weil oftmals aufgrund von beruflich räumlich bedingten Veränderungen oder Abwesenheiten persönliche Gespräche mit solchen Freunden nicht möglich sind.

Alternativ zu vertrauenswürdigen Freunden könnte man sich, betreffend die erwähnten sensiblen beruflichen Themen, an einen externen erfahrenen und ebenfalls hundertprozentig vertrauenswürdigen Coach wenden. Ich selbst würde allerdings einem persönlichen Freund diesbezüglich immer den Vorzug geben.

Teil II

Nutzen der beruflichen Chancen

Ratschläge für das Verhalten bei Bewerbungsgesprächen

Bei diesen Ratschlägen geht es um Vorstellungsgespräche bei eigenen Bewerbungen als potenzielle Führungskraft. Im vierten Teil werde ich auf einige Empfehlungen eingehen, wie junge Führungskräfte selbst erfolgreich Einstellungsgespräche für künftige eigene Mitarbeitende führen können.

Ich habe grob nachgerechnet, wie viele Einstellungsgespräche ich selbst mit möglichen Kandidaten für Positionen in meinen Verantwortungsbereichen geführt habe. Die Anzahl dürfte sich zwischen 20.000 und 25.000 Gespräche bewegen. Diese sehr große Anzahl an zumeist mit einem HR-Manager gemeinsam geführten Gesprächen befähigen mich, einige wertvolle Ratschläge an junge potenzielle Führungskräfte für deren eigene Bewerbungsgespräche zu geben.

Auf das Erfordernis, authentisch und ehrlich zu bleiben, habe ich bereits deutlich hingewiesen. Früher oder später würden Verstellungen oder falsche Behauptungen erkannt werden und wären ein klares Hindernis bei der künftigen Entwicklung im betreffenden Unternehmen.

Perfekt vorbereitete Bewerbungsunterlagen und das Lesen der auf der Homepage des Unternehmens verfügbaren Informationen sind ohnedies unabdingbare Notwendigkeiten.

E. Minar, *Praxistipps für Nachwuchs-Führungskräfte*, https://doi.org/10.1007/978-3-658-44030-5_13

Eine wesentliche Empfehlung ist, für sich Antworten auf mögliche Fragen der Personalleitung bzw. des künftigen möglichen Vorgesetzten vorzubereiten. Einige dieser Fragen könnten folgende sein: Welche sind Ihre bisher größten beruflichen Erfolge? Haben Sie neben ersten beruflichen Erfahrungen weitere außerberufliche Tätigkeiten aufzuweisen? Wo sehen Sie sich in fünf Jahren? Warum wollen Sie Karriere in unserem Unternehmen machen? Wie denkt Ihr bisheriger Chef über Sie? Was würden Ihre bisherigen Kolleginnen und Kollegen über Sie sagen? Wo sehen Sie Verbesserungspotenziale bei sich selbst? Wie könnten Sie mit Ihren Kenntnissen und bisherigen Erfahrungen unserem Unternehmen weiterhelfen?

Gleichzeitig sollten Sie sich vorab Ihre Fragen im ersten Gespräch an den HR-Manager und in einem weiteren Gespräch an den potenziellen künftigen Vorgesetzten überlegen. Zu empfehlen sind neben betriebswirtschaftlichen Kennzahlen folgende mögliche Fragen: Wie sehen die konkreten Zielsetzungen für meinen möglichen Verantwortungsbereich aus? Welche Entwicklungsmöglichkeiten hätte ich in Ihrem Unternehmen? Welche Weiterbildungs-Maßnahmen bietet Ihr Unternehmen? Wie würden Sie Ihre Unternehmenskultur beschreiben?

Für potenzielle Führungskräfte empfehle ich dringend, selbst aktiv keine Fragen zur möglichen Work-Life-Balance zu stellen. Allenfalls könnten die Möglichkeiten von Home-Office-Tätigkeiten angesprochen werden, Dabei sollten diese auf einen Tag pro Woche begrenzt werden.

Bei kleineren Unternehmen und insbesondere bei Start-up-Unternehmen sollte die Frage nach der Finanzierung des Unternehmens gestellt werden. Die meisten Start-ups scheitern nicht an der Unternehmensidee, sondern an der unzureichenden Finanzierung. Für Nachwuchs-Führungskräfte mit bereits eigener Familie könnte dies eine erhebliche Risikoposition darstellen.

Es ist anzuraten, sich im Vorfeld des Bewerbungsgesprächs Gedanken über die Gehaltswünsche zu machen. Allerdings sollte dieses Thema nicht gleich im ersten Gespräch aktiv vom Bewerber angesprochen werden. Besser wäre es auf die Frage des HR-Managers zu warten und dann die Wünsche zu artikulieren. Dabei könnte es ratsam sein, explizit nach einem variablen Gehaltsanteil, sprich Bonus, zu fragen. Ich selbst habe eine solche Frage von Seiten der Bewerber für eine Führungsfunktion begrüßt, weil mir dies gezeigt hat, dass ein solcher Bewerber Interesse und Motivation zeigt, das Unternehmensergebnis zu verbessern.

Sehr oft wird von Unternehmensseite die Frage nach den Hobbies gestellt. Vorteilhaft sind kulturelle oder sportliche Ausgleichsaktivitäten. Für sportliche Hobbies eignen sich insbesondere Jogging, Wandern, Tennis oder Golf. Wenn mir in Einstellungsgesprächen Golf als Hobby genannt wurde, habe ich zumeist nach dem Handikap gefragt. Bei tiefen einstelligen Handikap-Angaben bin ich etwas vorsichtig geworden, weil mir bewusst war, dass solche Top-Werte nur mit viel Training gehalten werden könnten. Dadurch könnten möglicherweise geringere berufliche Zeiten für das Unternehmen erbracht werden.

Darum empfehle ich, nicht mit tiefen einstelligen Handikap-Werten zu prahlen. In gleicher Weise sollten Angaben von besonders gefährlichen Sportarten vermieden werden, insbesondere wenn die Unfallgefahren und damit die Gefahren von längeren Ausfallzeiten sehr groß sein könnten.

In früheren Zeiten wurde bei potenziellen Führungskräften nach dem Familienstatus gefragt. Auch wenn heutzutage solche Fragen weniger gestellt werden sollten, so wird dennoch versucht, Fakten vom Bewerber herauszuhören. Männlichen und weiblichen Bewerbern empfehle ich von festen Beziehungen zu sprechen und diese auch zu betonen. Ideal für Männer sind ein ehelicher Familienstatus oder eine feste Partnerschaft. Bei Frauen als potenzielle Führungskräfte dürfte nicht nach einem möglichen Kinderwunsch gefragt werden. Darum empfehle ich Bewerberinnen, einen solchen Wunsch aktiv nicht zu erwähnen, selbst wenn dieser vorhanden sein sollte.

Empfehlenswert ist für Bewerber mit schon einigen Jahren Berufserfahrungen, sich Gedanken über mögliche Referenzgeber aus früheren Unternehmen zu machen. Dies schafft Vertrauen beim künftigen möglichen Arbeitgeber.

Ratsam für Bewerber und Bewerberinnen ist ebenfalls, bei solchen Bewerbungsgesprächen zumindest beiläufig zu erwähnen, dass gleichzeitig auch Gespräche mit anderen Unternehmen laufen. Dies erhöht die Reaktionsgeschwindigkeit bei dem suchenden Unternehmen.

Empfehlenswert für interessierte Bewerber einer ausgeschriebenen Führungsaufgabe könnte ebenfalls sein, nach der Möglichkeit zu fragen, sich mit ein oder zwei potenziell künftigen Kollegen oder Kolleginnen unterhalten zu dürfen. Dies zeigt das besondere Interesse des Bewerbers. Gleichzeitig könnte sich dieser ein besseres Bild vom Unternehmen machen.

Die von mir angeführten Ratschläge sollten für erfolgreiche Bewerbungsgespräche ausreichend sein. Wer sich dennoch noch besser vorbereiten möchte, sei auf verfügbare Literatur verwiesen, wie beispielsweise: „Das erste Mal Führungskraft" [22] oder „Das Bewerbungscoaching für Führungskräfte" [25].

Räumlich mobil und flexibel sein

Aus eigener Erfahrung und aus Erkenntnissen vieler Berufskollegen ist mein Ratschlag an Nachwuchs-Führungskräfte, räumlich flexibel und mobil zu sein, wenn immer dies möglich ist. Viele Karriere-Möglichkeiten ergeben sich an anderen Standorten. Oft bieten internationale Unternehmen ihren Führungskräften Positionen im Ausland an.

Ich habe dies erfreulicherweise an meinem Beispiel mehrfach erfahren. Deshalb bin ich für einen größeren Verantwortungsbereich und für ein deutlich größeres internationaleres Unternehmen von Österreich in die Schweiz gezogen. Dort wurde mir nach einigen Jahren ein erweiterter Verantwortungsbereich in Deutschland angeboten.

Für viele und insbesondere für größere, weltweit agierende Unternehmen und für akquirierende Headhunter sind internationale Erfahrungen der Bewerber um Führungspositionen enorm wichtig. Zeitweise wurden an mich damals wöchentlich mindestens zwei neue Job-Angebote herangetragen. Nach über 17 Jahren in einem besonders bedeutsamen japanischen Unternehmen habe ich ein sehr gutes Angebot in einem anderen Land angenommen. Später haben sich weitere internationale berufliche Herausforderungen ergeben, wodurch sich mein internationales Netzwerk stark erweitert hat.

E. Minar, *Praxistipps für Nachwuchs-Führungskräfte*,
https://doi.org/10.1007/978-3-658-44030-5_14

Darum ist mein klarer Ratschlag besonders an Nachwuchs-Führungskräfte, sich bei einem erwünschten Berufswechsel offen zu zeigen für interessante Herausforderungen an anderen Standorten und insbesondere für Tätigkeiten in anderen Ländern. Diesbezüglich sind englischsprachige Standorte besonders empfehlenswert.

Wenn ich selbst heute eine Nachwuchs-Führungskraft wäre, würden mich neben englischsprachigen Standorten wie insbesondere die USA, Kanada, Australien oder Neuseeland auch ostasiatische Standorte wie China, Singapur oder allenfalls auch Japan besonders interessieren.

Sehr gute Sprachkenntnisse in Englisch sind heutzutage für jede gehobene Führungskraft ein Muss. Daneben kann es oftmals vorteilhaft sein, wenn junge Führungskräfte in Französisch oder Spanisch kommunizieren können.

Nicht nur gute Sprachkenntnisse helfen bei der Karriere-Entwicklung weiter, sondern auch die Erfahrungen in anderen Kulturkreisen, da diese den Horizont und die geistige Flexibilität erweitern können.

Ich selbst hatte das Glück, in vielen Ländern tätig sein zu dürfen. Dies hat mir trotz manchen aufwendigen Umstellungen und Einschränkungen des Privatlebens nicht geschadet. Im Gegenteil, ich habe enorm profitiert und möchte keine internationale Erfahrung missen. Darum wünsche ich jeder Nachwuchs-Führungskraft, dass sie ebenfalls räumlich flexibel und mobil sein kann, um internationale Job- und Karriere-Möglichkeiten zu nutzen.

Gerade in jungen Jahren lassen sich solche Möglichkeiten leichter ergreifen, da später oftmals familiäre Interessen und Erfordernisse solche internationalen Karrieren behindern könnten.

Standfestigkeit in schwierigen Unternehmenssituationen

Diesen Ratschlag sollten Nachwuchs-Führungskräfte beherzigen, wenn sie die Karriereleiter weit nach oben klettern wollen. Aufgrund des Fachkräftemangels werden sehr gut ausgebildete Personen vermutlich und absehbar für lange Zeit immer sehr rasch bei Kündigungen gute Job-Angebote erhalten.

Nach dem Studium bzw. nach einer Fachausbildung können gut ausgebildete Menschen auch einige Berufs- und Unternehmenswechsel vollziehen, ohne dass dies der späteren Karriere-Entwicklung schaden würde. Doch spätestens, wenn sich diese Menschen für Führungsaufgaben qualifizieren wollen, sollten sie ein gewisses „Sitzfleisch" beweisen.

Zu häufige Stellenwechsel nach einigen Jahren Berufserfahrungen werden von Unternehmen und deren Personalabteilungen argwöhnisch betrachtet. Solche „Job-Hopper" werden deshalb oftmals in einer Vorauswahl von Personalleitern aussortiert, sofern es genügend andere Bewerber-Kandidaten geben sollte.

Auch mich haben bei Einstellungs-Kandidaten allzu häufige Berufswechsel nach dem 30.Lebensjahr zumeist sehr skeptisch gemacht. Wenn ich in der Vorauswahl andere gut geeignete Kandidaten erkannt habe, sind auch bei mir solche Job-Hopper durch mein persönliches Raster gefallen.

© Der/die Autor(en), exklusiv lizenziert an Springer Fachmedien Wiesbaden GmbH, ein Teil von Springer Nature 2024
E. Minar, *Praxistipps für Nachwuchs-Führungskräfte*,
https://doi.org/10.1007/978-3-658-44030-5_15

Um sich für eine Führungsaufgabe zu qualifizieren, sollte ein Bewerber eine gewisse Standfestigkeit bewiesen haben. Mit einer Berufserfahrung von mindestens drei Jahren bzw. besser mit fünf Jahren an einem Arbeitsplatz unterstreicht eine potenzielle Nachwuchs-Führungskraft bei einem angestrebten Job-Wechsel ihre Fähigkeit, auch längerfristig bei einem Unternehmen tätig sein zu können.

Von einer Führungskraft wird erwartet, dass sie auch schwierige Herausforderungen und diffizile Zeiten bewältigen kann und dass sie möglicherweise auch mit nicht einfach handhabbaren Vorgesetzten umgehen kann. Standfestigkeit in schwierigen Unternehmenssituationen unterstreicht die Fähigkeit und damit auch die Chancen, höhere Karrierestufen zu erklimmen.

Wenn eine Nachwuchs-Führungskraft einmal eine Standfestigkeit von mindestens drei bzw. besser fünf Jahren unter Beweis gestellt hat, dann wird zumeist eine sehr kurzzeitige Anstellung im Lebenslauf akzeptiert, wenn es dafür nachvollziehbare plausible Erklärungen gibt. Allerdings sollten sich nicht mehrere kurzzeitige Berufswechsel im CV einer solchen Nachwuchs-Führungskraft zeigen.

Führungskräfte sollten Vorbilder sein und dies gilt auch für die berufliche Standfestigkeit. Allzu häufige Job-Wechsel stellen kein gutes Bild im persönlichen Lebenslauf dar.

Wenn eine potenzielle Führungskraft viele Unternehmen und Branchen kennenlernen möchte, dann sollte sie sich als Interim Manager qualifizieren. Üblicherweise bewegen sich solche Mandate bei sechs bis 18 Monaten. Von Interim Managern erwartet man allerdings einige Jahre Berufserfahrungen und vor allem sehr kurze Einarbeitungszeiten.

Sich Zeit nehmen bei der Entscheidung für neue potenzielle Arbeitgeber

Neben den Entscheidungen für den eigenen Ehe- bzw. Lebenspartner, für das Gründen einer Familie mit Kindern und für die Wahl des Studiums bzw. der Ausbildung zählen die Entscheidungen für neue Arbeitgeber zu den wichtigsten im Leben jedes Menschen. Dazu gehört selbstverständlich auch das Gründen eines Start-up-Unternehmens.

Ich habe in meinem Leben viele Menschen, darunter auch Freunde und Bekannte, kennengelernt, die sich nach meiner Ansicht viel zu spontan und ohne gründliche Überlegungen für einen Berufswechsel bzw. für den Wechsel des Arbeitgebers entschieden haben. Manche von ihnen bekannten sich offen zu einer solchen „Trial-and-Error"-Strategie. Dies war und ist für mich unverständlich.

Es ist besser, etwas mehr Aufwand und Zeit für die Wahl eines neuen Arbeitgebers zu verwenden, als Zeit und Mühen zu verlieren durch eine allzu eilige Wahl, die sich später als eigener Fehler herausstellen könnte. Dazu kommt, dass sich allzu häufiger Wechsel der Arbeitgeber bzw. allzu kurze Verweildauer in verschiedenen Unternehmen nicht gut im eigenen Lebenslauf darstellen.

Ich kann in gewisser Weise nachvollziehen, dass sich manche Führungskräfte sehr rasch für neue Verantwortungsbereiche entscheiden, wenn sie

© Der/die Autor(en), exklusiv lizenziert an Springer Fachmedien Wiesbaden GmbH, ein Teil von Springer Nature 2024
E. Minar, *Praxistipps für Nachwuchs-Führungskräfte*,
https://doi.org/10.1007/978-3-658-44030-5_16

vom vorherigen Arbeitgeber gekündigt wurden. Dies geschieht häufig aus Gründen von mangelndem Selbstbewusstsein, weil man sich selbst bzw. gegenüber der Familie und Freunden nicht als „arbeitslos" bezeichnen möchte. Manchmal könnten finanzielle Gründe allzu rasche Entscheidungen auslösen.

In vergangenen Zeiten waren solche Verhaltensweisen insofern verständlicher, als am Arbeitsmarkt die Arbeitgeber quasi „das Sagen hatten". Darum waren viele Führungskräfte froh, möglichst rasch eine neue berufliche Verantwortung gefunden zu haben. Doch die Zeiten haben sich jetzt geändert. Aufgrund des bestehenden Fach- und auch Führungskräfte-Mangels können Arbeitnehmer gegenwärtig häufig unter mehreren Job-Optionen wählen.

Aufgrund des demografischen Wandels und des immer größer werdenden internationalen Mangels an Fachkräften wird für lange Zeit auch der Bedarf an Führungskräften größer sein als das Angebot. Darum ist mein klarer Appell vor allem an Nachwuchs-Führungskräfte, genau zu prüfen, für welchen neuen Arbeitgeber man sich entscheidet, und sich dafür die erforderliche Zeit zu nehmen.

Neben dem Unternehmen selbst, seiner Positionierung am Markt, seinen strategischen Zielsetzungen sollte Klarheit bestehen betreffend die Zielsetzungen der potenziellen neuen Aufgabe. Die Herausforderungen, aber auch die Chancen sollten ebenso bekannt sein wie der konkrete Verantwortungsbereich. Besonders wichtig sind die Gespräche mit dem potenziellen neuen Vorgesetzten. Es muss keine „Liebe auf den ersten Blick" sein, dennoch sollten eine gewisse Sympathie und gute Chancen für eine gegenseitige Vertrauensbildung vorhanden sein.

Wenn immer machbar und möglich, empfehle ich zu ersuchen, ein oder zwei Gespräche mit im potenziellen Unternehmen beschäftigten Führungskräften zu führen, welche dem zukünftigen potenziellen Vorgesetzten unterstehen. Ich selbst habe mich nahezu immer bemüht, solche Gespräche mit potenziellen künftigen Kollegen vor meiner finalen Entscheidung zu führen. Dies gab mir zumeist die eigene Sicherheit, keine offensichtliche Fehlentscheidung zu treffen.

Wenn eine Führungskraft selbst kündigen bzw. einen laufenden Arbeitsvertrag nicht verlängern möchte, empfehle ich dringend, mit dieser Entscheidung so lange zu warten, bis man sich selbst für einen neuen

Arbeitgeber entschlossen hat und der Arbeitsvertrag mit dem neuen Arbeitgeber schriftlich bestätigt ist. Ich selbst habe einmal in meinem Berufsleben den Fehler gemacht, einen laufenden Arbeitsvertrag selbst zu kündigen, ohne einen neuen Arbeitsvertrag in der Tasche zu haben. Aus diesem Fehler habe ich für mein weiteres Berufsleben gelernt.

Mögliche Start-up-Gründungen

In den letzten beiden Jahrzehnten ist es insbesondere für Hochschul-absolventen oder Studierende scheinbar „chic" geworden, mit Freunden oder Studienkollegen ein Start-up-Unternehmen zu gründen. Dennoch sollten insbesondere solche Entscheidungen und deren Konsequenzen besonders gut geprüft und überlegt werden.

Der internationale Global Entrepreneurship Monitor (GEM) unter-sucht seit 23 Jahren das weltweite Gründungsgeschehen in bis zu siebzig Staaten. Der neueste Bericht 2022/2023 basiert auf weltweit etwa 165.000 Befragungen, darunter rund 4100 in Deutschland und auf Aus-sagen von weltweit 2240 Gründungs-Expertinnen und -Experten, davon 70 aus Deutschland [26].

Dieser Bericht bestätigt, dass auch in Deutschland die Gründungs-quote steigt, welche sich an der „Total early-stage Entrepreneurial Acti-vity" messen lässt. Dieser Wert ist im Jahr 2022 mit einer Gründungs-quote von 9,1 % auf den bisher höchsten Wert gestiegen. Gleichzeitig zeigt sich, dass sich die Gründungsaktivitäten immer mehr auf jüngere Altersgruppen verschieben. Am höchsten liegt die Gründungsquote bei den 18- bis 24-Jährigen. Interessant ist ebenfalls, dass deutlich mehr Männer als Frauen Start-ups gründen. Ich vermute, dass sich Frauen in-

E. Minar, *Praxistipps für Nachwuchs-Führungskräfte*,
https://doi.org/10.1007/978-3-658-44030-5_17

tensiver die Erfordernisse und Konsequenzen für Start-up-Gründungen überlegen und dass Männer tendenziell risikofreudiger agieren.

Noch beachtenswerter sind die Untersuchungen zu den Erfolgsaussichten von Start-up-Unternehmen. Die meisten Analysen zeigen, dass etwa nur zehn Prozent der Start-up-Gründungen erfolgreich sind [9, 10]. Nach diesen Analysen scheitern etwa 80 % aller Start-ups innerhalb der ersten drei Jahre. 76 % aller Neugründungen finden in Teams statt. Startups mit nur einem Gründer scheitern noch häufiger als Team-Gründungen.

Der Daten-Dienst CB Insights veröffentlichte in einer Studie eine Analyse der zwanzig häufigsten Gründe für das Scheitern von Start-ups [10]. Die drei wesentlichsten Gründe sind keineswegs überraschend: Fehlende Nachfrage, Probleme im Team und zu geringe Finanzierung. In Deutschland dürfte die unzureichende Finanzierung der Hauptgrund sein.

Mit fehlender Nachfrage ist gemeint, dass es unzureichende Markt- und Bedarfsanalysen vor der Start-up-Gründung gegeben hat. Mögliche Ideen für Start-ups sind zumeist rasch gefunden, vor allem wenn sich junge motivierte und kreative Menschen solche überlegen. Dennoch sollten fundiertere Marktanalysen herangezogen werden. Dies könnten bestehende Analysen oder eigene Befragungen sein. Manchmal könnten auch erfolgreiche Ideen aus dem Ausland kopiert oder adaptiert werden.

Die Probleme im Team tauchen zumeist auf, wenn erste schwerwiegende Hindernisse auftreten und vor allem wenn die Probleme der Finanzierung allzu deutlich sichtbar werden. Dazu kommt, dass oftmals junge Menschen, wenn sie sich für die Gründung einer Familie entscheiden, den Weg in die finanzielle Sicherheit suchen und damit eine Anstellung in einem bestehenden größeren Unternehmen anstreben.

Im Gegensatz zu den USA ist die Finanzierung von Start-ups in Europa und insbesondere in den deutschsprachigen Ländern wesentlich schwieriger. Banken sind hierzulande kaum bereit beim Startkapital für Start-ups zu unterstützen. Auch in den deutschsprachigen Ländern können sehr oft die erforderlichen Start-Finanzierungen von etwa ein bis zwei Millionen Euro aufgebracht werden. Diese Gelder stammen zumeist aus eigenen Ersparnissen, aus den Ersparnissen oder Darlehen der Eltern und anderer Verwandter.

Dies reicht zumeist für die erforderliche Finanzierung der ersten zwei bis maximal drei Jahre. Sollte sich in diesem Zeitraum nicht ein Cashflow

einstellen, welcher zumindest die Finanzierung der laufenden Kosten ab-
deckt, dann wird es sehr schwierig weiteres Kapital zu beschaffen. Meist
ist die erreichte Geschäftsgröße zu gering, um Venture Capital (Wagnis-
kapital) zu erhalten oder gar das Interesse von Private Equity Fonds zu gewinnen. So zeigt die erwähnte CB Insights Studie, dass die untersuchten
Start-ups durchschnittlich nach zwanzig Monaten scheiterten. Der Mittel-
wert der in solche Start-ups investierten Gelder lag bei 1,3 Mio. USD [10].

Selten gelingt es, die in Start-ups eingebrachten Ideen, die erwirt-
schafteten Assets und damit möglicherweise auch sich selbst an größere
Unternehmen zu verkaufen. Daher bereiten die finanziellen Konsequenzen aus gescheiterten Start-ups häufig weitreichende Probleme mit dem
eigenen Ehe- oder Lebenspartner und innerhalb der eigenen Familie.

Ich kenne zwei Fälle, in denen sich die Eltern bzw. Geschwister eines
Start-up-Gründers selbst schwer verschuldet haben. Da in beiden Fällen
die Gründer selbst keinen Bankkredit erhielten, konnten sie Eltern bzw.
Geschwister zu Bürgschaften überreden. Die Konsequenzen waren, dass
die Eltern bzw. Geschwister die Rückzahlung der gewährten Bankkredite
übernehmen mussten. In einem Fall führte dies dazu, dass der Vater des
Start-up-Gründers seine angestrebte Pensionierung als Selbstständiger
nicht mit 65 Jahren antreten konnte, sondern bis 70 Jahre weiterarbeiten
musste. Im anderen Fall musste eine Schwester eines Start-up-Gründers
auf den Kauf einer Immobilie verzichten, da sie den Kredit für ihren Bru-
der zeitnah abzahlen musste. Jeder kann sich ausmalen, zu welchen
schwerwiegenden familiären Zwistigkeiten solche Start-up-Pleiten geführt haben.

Dazu kommt, dass Start-up-Gründungen häufig rechtliche Probleme
mit sich bringen. Oftmals versuchen Gründer die finanziellen Möglichkeiten zu überreizen und eine offensichtlich erforderliche Insolvenz-
erklärung hinauszuschieben, weil sie das Scheitern ihrer Start-up-Idee
nicht wahrhaben wollen. Dabei sollte jedem Gründer und jeder Gründerin eines Start-ups bewusst sein, dass das Strafmaß für eine bewusste vor-
sätzliche Insolvenzverschleppung bis zu drei Jahren Freiheitsstrafe bedeuten kann und dass selbst eine fahrlässige, zu späte Insolvenzanmeldung
mit bis zu einem Jahr Freiheitsstrafe geahndet werden kann [28]. Dies
gilt für die rechtlich verantwortlichen Organe eines Start-ups, sei es als
Geschäftsführer einer GmbH oder als Vorstand einer AG.

Darum kann ich mit gebotener Deutlichkeit nur folgende Empfehlungen für Start-up-Gründungen geben:

- Der Bedarf für die Start-up-Idee bzw. das Start-up-Produkt oder die Start-up-Dienstleistung sollte sehr sorgfältig evaluiert werden. Dies kann über die erwähnten vorhandenen Marktstudien oder durch umfangreiche eigene Marktforschung erreicht werden.
- Es sollte ein entsprechender realistischer Business Plan für mindestens drei Jahre erstellt werden mit einer konservativen Cashflow-Planung. Darin sollten keine Wunschzahlen oder angestrebte Zielgrößen enthalten sein, sondern besser vorsichtige Schätzungen.
- Parallel sollte ein Worst-Case-Szenario aufgestellt werden, sollte die Start-up-Idee nicht die gewünschten bzw. die erforderlichen Mindest-Zahlen erreichen. Dies sollte auch Überlegungen beinhalten, ob im Falle des Scheiterns die vorhandenen bzw. die zu schaffenden Unternehmenswerte verkauft oder anderweitig verwendet werden könnten. Dies könnten Patente oder Lizenzen oder Warenlager sein.
- Bei der Zusammensetzung des Start-up-Gründungsteams sollte ebenfalls allergrößte Sorgfalt angewandt werden. So sollten die Kernkompetenzen der Gründer nicht gleichartig, sondern unterschiedlich sein und möglichst verschiedene Bereiche wie Technologie und Technik, Marketing und Vertrieb sowie Finanzen und Controlling abdecken. Hundertprozentiges gegenseitiges Vertrauen ist gerade in den schwierigen Anfangsjahren unerlässlich.
- Eine sorgfältige Finanzierungs- und Cashflow-Planung muss nicht nur vorgängig erstellt werden, sondern auch laufend überprüft werden. Mögliche Finanzierungsquellen und Finanzierungshilfen von staatlicher Seite und von privaten Geldgebern sollten stetig evaluiert werden.
- Sollte sich zeigen, dass eine Insolvenzanmeldung zwingend erforderlich wird, so sollte diese rechtzeitig eingeleitet werden, um rechtliche Probleme zu vermeiden, die sich auf das weitere Berufsleben negativ auswirken könnten.
- Ich empfehle, dass Start-up-Gründer doch einige Jahre Berufserfahrung mitbringen. Mit solchen Erfahrungen lassen sich zumeist Business Pläne realistischer erstellen. Dazu kommt, dass eigene Ersparnisse von einigen Gründern die weitere Finanzierung erleichtern könnten.

Dennoch möchte ich die Ambitionen von jungen Führungskräften keineswegs einschränken. Auch Deutschland braucht solche Start-up-Gründungen von ehrgeizigen ambitionierten Menschen. Start-up-Gründungen sind in den USA vielfach leichter zu bewerkstelligen. Es ist vor allem einfacher, sich am US-Kapitalmarkt Venture Capital zu beschaffen. Darum habe ich als Unternehmensberater manchen Start-up-Gründern empfohlen, rechtzeitig auszuloten, ob Finanzierungen am US-Kapitalmarkt möglich sein könnten.

Gleichzeitig fordere ich Politiker in deutschsprachigen Ländern auf, die Gründung von Start-up-Unternehmen in unseren Ländern zu erleichtern, einerseits durch staatliche Finanzierungshilfen bzw. Garantie-Übernahmen und andererseits, dies gilt insbesondere für Deutschland, die Bürokratie-Hürden für Unternehmensgründungen wirksam zu reduzieren.

Im Zusammenhang mit Start-ups ist ein weiterer Ratschlag aus eigenen leidvollen Erfahrungen angebracht. Oft entscheiden sich Nachwuchs-Führungskräfte nach ersten beruflichen Erfahrungen, bei Start-up-Unternehmen mit eigener finanzieller Beteiligung einzusteigen, oder Unternehmensanteile, statt Gehaltszahlungen zu akzeptieren.

Selbst als sehr erfahrener Manager habe ich in zwei Fällen negative Erfahrungen machen müssen. Nach sorgfältigen Prüfungen habe ich in beiden Fällen einer teilweisen Bezahlung meiner Interim-Management-Honorare als Unternehmensanteile bzw. als Aktien zugestimmt. In einem Fall sollten meine Anteile in einem späteren IPO (Initial Public Offering), sprich Börsengang, quasi ausbezahlt werden. Dieser Fall endete mit einer Insolvenz der Holding des Unternehmens und einem Verkauf der Assets an ein internationales Unternehmen, sodass meine erworbenen Anteile nahezu wertlos wurden.

In einem anderen Fall wurde der Wert der Aktien, die ich nicht verkaufen durfte bzw. konnte, später durch fehlerhafte und unglückliche Entscheidungen der Gründerin so weit verwässert, dass diese praktisch jeden Wert verloren haben.

Auch wenn ich aufgrund späterer Insolvenzanmeldungen keine strafrechtlichen Untersuchungen befürchten musste, so möchte ich mit diesen persönlich erlebten Beispielen Nachwuchskräfte warnen, bei potenziellen Tätigkeiten und möglichen Beteiligungen bei Start-up-

Unternehmen sehr vorsichtig zu sein. Dies gilt sowohl für die Übernahme von Organschaften mit möglichen strafrechtlichen Konsequenzen als auch für Honorar- bzw. Gehaltszahlungen via Unternehmensanteile.

In letzterem Falle sollte immer klargestellt werden, wie erworbene Unternehmensanteile zeitnah „versilbert" werden könnten. Über meine letzten Beratungs- und Interim-Management-Mandate habe ich erfahren, dass Start-up-Unternehmen gerne und bewusst jüngere Nachwuchs-Führungskräfte ansprechen und diese mit hohen Karriere-Erwartungen und großen Gewinnversprechen anzulocken versuchen. Aus Cashflow-Gründen werden ihnen oftmals ihre Gehaltsauszahlungen zumindest teilweise als Unternehmensanteile oder Aktien versprochen.

Ich kenne ein Beispiel aus meinem Bekanntenkreis, bei dem ein jüngerer Manager in ein solches Start-up-Unternehmen eingestiegen ist, die Verantwortung eines Geschäftsführers übernommen hat und die Gehaltszahlungen an diesen mehrheitlich über Aktien zugesagt wurden. Einige Monate später ist diese Führungskraft dann in die große Gefahr geraten, wegen verspäteter Insolvenzanmeldung straffällig zu werden.

Abschließend zu diesem Ratschlag möchte ich nochmals eindringlich in Erinnerung rufen, dass neun von zehn Start-ups aus verschiedenen Gründen scheitern, in Deutschland vorwiegend aus mangelnder Finanzierung.

Teil III

Entwicklung wesentlicher Führungskompetenzen

Gut und richtig zu kommunizieren ist ein Muss für jede Führungskraft

Ich bin überzeugt, dass diese Aussage jede Leserin und jeder Leser sofort unterschreiben würde. Trotzdem habe ich viele Management-Kollegen erlebt, welche erheblich gegen die Grundregeln guter Kommunikation verstoßen haben. Auch ich habe in den ersten Jahren als Führungskraft diesbezüglich einige Fehler gemacht.

Schon in meinem ersten Ratschlag habe ich auf die Wichtigkeit hingewiesen, hinzuhören, hinzusehen und dann zu kommunizieren. Jede Kommunikation sollte eine oder mehrere Botschaften enthalten. Auch ich musste lernen, dass es nicht entscheidend ist, was der Kommunizierende übermitteln will. Entscheidend ist vielmehr, wie die zu vermittelnde Botschaft beim Kommunikationsempfänger ankommt, wenn die Botschaft etwas erreichen soll.

Darum ist für jeden Kommunizierenden wesentlich, sich in seiner Kommunikation in gewisser Weise an den oder die Adressaten anzupassen. Die Botschaft muss verständlich sein und verstanden werden. Leider wird dies von vielen Managern zu wenig berücksichtigt. Darum sollte sich eine Führungskraft in Sprache und Ausdrucksweise an den bzw. an die Adressaten orientieren, egal ob es sich um eine oder sehr viele anzusprechende Personen handelt.

© Der/die Autor(en), exklusiv lizenziert an Springer Fachmedien Wiesbaden GmbH, ein Teil von Springer Nature 2024
E. Minar, *Praxistipps für Nachwuchs-Führungskräfte*,
https://doi.org/10.1007/978-3-658-44030-5_18

Da manche Menschen besser über das Hören und andere wiederum über das Sehen angesprochen werden können, werden zumeist die besten Kommunikationsergebnisse über die gleichzeitige Ansprache der beiden Sinnesorgane Ohren und Augen erreicht.

Eine Kommunikation ist nur dann gut und richtig gelungen, wenn beim Empfänger die Botschaft so verstanden wird, wie es der Sender gewollt hat. Um dies laufend zu verifizieren, bedarf es einer Rückkopplung durch den Botschaftsempfänger. Dies kann über Blickkontakt oder über Rückfragen ermöglicht werden.

Beim Kommunizieren sollte deshalb immer so viel als möglich Augenkontakt mit den Botschaftsempfängern gehalten werden. Damit lässt sich zumeist gut feststellen, ob diese die Botschaft verstehen bzw. ob diese die Botschaft auch akzeptieren. Damit bietet sich dem Kommunizierenden die Möglichkeit, allenfalls seine Botschaft zu konkretisieren oder nachzubessern, wenn aus den Gesichtern oder aus den Körperhaltungen herauszulesen ist, dass Botschaften nicht verstanden bzw. nicht akzeptiert werden.

Eine gute Kommunikation ist zumeist auch ein Dialog. Dies ist bei Präsentationen oder Vorträgen vor einem großen Auditorium nicht möglich. Durch Frage- und Antwort-Möglichkeiten am Ende von Vorträgen könnte so ein Mindestmaß an Dialogen hergestellt und erreicht werden.

Am besten läuft die Kommunikation naturgemäß in kleinen Gruppen, wenn sich möglichst alle Mitglieder äußern und ihre Ansichten vertreten können. Allerdings werden in diesen Formaten ebenfalls sehr viele Führungsfehler gemacht. Man kann nicht genug oft darauf hinweisen, dass man Kommunizierende aussprechen und ihre Argumente vorbringen lassen sollte. Dauersprechende, die sich selbst gerne reden hören, sollten durch vorgegebene maximale Sprechzeiten begrenzt werden.

Die Führungskraft sollte sicherstellen, dass im Rahmen eines Meetings oder einer Besprechung möglichst alle Teilnehmer zu Wort kommen. Auf das Thema Meeting-Kultur werde ich später noch zu schreiben kommen. Ich habe mehrfach erlebt, dass gerade besonders ruhige und introvertierte Team-Mitglieder hervorragende und vor allem neue Aspekte in die Diskussion gebracht haben, während jene Team-Mitglieder, die sich selbst gerne sprechen hören, oftmals nur Althergebrachtes kommuniziert haben.

Als Führungskraft sollte man nicht nur ein guter Kommunikator, sondern auch ein guter Präsentator sein. Damit gute und überzeugende Argumente bei den Adressaten richtig platziert werden, sollten sie möglichst gleichzeitig akustisch und visuell mit den geeigneten Präsentationsmitteln kommuniziert werden. Dies kann, abhängig von der Anzahl der Adressaten, über Video-Sequenzen oder über PowerPoint-Präsentationen oder über andere elektronische Tools geschehen.

Über wirksames und richtiges Kommunizieren und über ausdrucksstarkes und überzeugendes Präsentieren sind schon viele gute Bücher geschrieben worden. Darum belasse ich dies an dieser Stelle mit möglichen wenigen Literaturhinweisen: „Gut kommunizieren als Führungskraft" [17] und „Kommunikation neu gedacht" [13] zum Thema richtiges Kommunizieren sowie „Exzellent präsentieren" [29] und neueren Datums „Präsentieren können" [4] zum Thema überzeugendes Präsentieren.

Alternativ gibt es diesbezüglich jede Menge an Seminar-Angeboten, um sich in Punkto Kommunizieren und Präsentieren weiterzubilden. Ich rate Ihnen ebenfalls, Führungs-Kolleginnen und -Kollegen bzw. Ihre Vorgesetzten bei deren Präsentationen und Kommunikationsverhalten zu beobachten und allenfalls daraus laufend zu lernen.

Hilfreich ist es, im Rahmen von Mitarbeitergesprächen Feedback von eigenen Mitarbeitenden betreffend die eigene Kommunikation zu erfragen. Daraus lassen sich mögliche Bedürfnisse an Weiterbildung feststellen.

Effektiv und überzeugend motivieren

Anschließend an die Empfehlungen für Nachwuchs-Führungskräfte betreffend die Erfordernisse von richtigem Kommunizieren und gutem Präsentieren reiht sich bestmögliches effektives und überzeugendes Motivieren. Menschen wollen und sollten motiviert werden.

In Wikipedia habe ich folgende Beschreibung zu Motivation gefunden: „Motivation ist das, was erklärt, warum Menschen ein bestimmtes Verhalten zu einem gewissen Zeitpunkt beginnen, fortsetzen oder beenden. Sie umfasst die Gesamtheit aller Motive oder Beweggründe, die zur Handlungsbereitschaft führen." [40]

Eine gute Führungskraft zeichnet sich auch dadurch aus, dass sie imstande ist, ihre Mitarbeitenden zu motivieren, zu begeistern und zu bestmöglichen Handlungen zu bewegen. Eine Grundvoraussetzung für effektives Motivieren von Seiten einer Führungskraft ist, dass diese selbst hoch motiviert ist und über ein gutes Maß an Eigenmotivation verfügt.

Ich habe einige Management-Kollegen erlebt, die über hervorragende fachliche Kompetenzen verfügt haben, aber ihre Mitarbeiterinnen und Mitarbeiter kaum zu motivieren imstande waren. Oftmals lag dies daran, dass es ihnen an genügend Eigenmotivation gefehlt hat.

© Der/die Autor(en), exklusiv lizenziert an Springer Fachmedien Wiesbaden GmbH, ein Teil von Springer Nature 2024
E. Minar, *Praxistipps für Nachwuchs-Führungskräfte*,
https://doi.org/10.1007/978-3-658-44030-5_19

Wenn ich mit solchen Kollegen und Kolleginnen abends gelegentlich vertraulich gesprochen habe, dann wurde mir offen zugetragen, dass diese selbst nicht ausreichend von ihrem Vorgesetzten motiviert und begeistert werden. Wie sollen sie ihre Mitarbeitenden motivieren, wenn sie selbst nicht in genügendem Maße begeistert werden. Auf meine Frage, was sie bräuchten, um sich gut motiviert zu fühlen, kamen verschiedene Aspekte wie mehr Lob vom Vorgesetzten, finanzielle Anreize, Sonderleistungen, Beförderungen und vieles mehr.

Manchmal, wenngleich nicht immer, habe ich meine Management-Kollegen überzeugen können, dass ein gewisses Maß an Selbst- bzw. Eigen-Motivation für Führungskräfte unerlässlich ist. Gerade als Führungskraft kann man nicht erwarten, dass man von seinem eigenen Vorgesetzten ständig motiviert wird. Natürlich sollte dieses Bedürfnis im Rahmen der eigenen Mitarbeitergespräche mit dem jeweiligen Vorgesetzten erörtert werden, aber diese finden üblicherweise nur einmal bzw. zweimal im Jahr statt. Auf das Thema Mitarbeitergespräche wird noch eingegangen werden.

Ich selbst habe mir meine Eigenmotivation aus zwei Aspekten geholt und diese versucht hochzuhalten: aus den vereinbarten Zielen für meinen Verantwortungsbereich und aus meinem eigenen Mitarbeiter-Team. Gerade aus diesen beiden Bereichen gibt es nahezu unerschöpfliches Potenzial für Eigenmotivation.

Natürlich habe ich mich, so wie wahrscheinlich jede Person bzw. jede Führungskraft, immer sehr gefreut, wenn mich mein Vorgesetzter für meine Tätigkeiten und Ergebnisse gelobt hat, wenn es dafür einen Bonus gab oder wenn ich befördert wurde.

Für mich hatte die Eigenmotivation aus den Zielvorgaben einen größeren Effekt. Wenn ich mit meinem Vorgesetzten oder mit der Unternehmenszentrale ein Jahresziel oder Halbjahresziel vereinbart hatte, dann war mein ehrgeiziges Bestreben, dieses Ziel nicht nur zu erreichen, sondern sogar zu übertreffen. Egal, ob es sich um Verkaufs- oder Umsatz- oder Ergebnis-Ziele gehandelt hatte, so war immer eine Verbesserung möglich.

Dies zu erreichen und eine Über-Performance anzustreben, war mein tägliches Ziel. Mit meinen Mitarbeitern bin ich gleichermaßen vorgegangen. Wir haben die Jahres- oder Halbjahresziele in monatliche und wöchentliche Ziele heruntergebrochen. Wenn solche Teilziele erreicht wurden, wurde dies gemeinsam gefeiert und war zugleich Ansporn, das nächste Teilziel zu erreichen. Dazu benötigte ich keine weitere Motivation von meinem Vorgesetzten oder aus der Unternehmenszentrale.

Der zweite Bereich, aus dem ich meine Eigen-Motivation gezogen habe, war mein jeweiliges Mitarbeiter-Team. Aus meiner Überzeugung, dass nur sehr gute Teamarbeit hervorragende Ergebnisse bringen kann, habe ich ständig daran gearbeitet, nicht nur die Teamarbeit zu stärken, sondern auch jeden einzelnen Mitarbeiter zu fördern. Darum habe ich mich immer sehr darüber gefreut, wenn einer meiner Mitarbeiterinnen oder Mitarbeiter innerhalb des Unternehmens befördert wurde.

Selbst wenn einer oder eine aus meinem Team erfolgreich von einem Headhunter in eine deutlich höhere Management-Aufgabe weggeholt wurde, weil das eigene Unternehmen eine solche Beförderung nicht gleichermaßen erfüllen konnte, so habe ich dies mit einem weinenden und einem lachenden Auge gesehen.

Deshalb habe ich mich betreffend Motivation und Eigen-Motivation wie ein Fußball-Trainer gesehen, der seine Mannschaft wöchentlich zu Höchstleistungen motivieren möchte, der sich mit seinem Team über die erzielten Tore und über die gewonnenen Punkte freut und der sich auch freut, wenn ein eigener Spieler von einem Topklub geholt wird. Allerdings gibt es in der Wirtschaft keine Transfer-Gelder für abgeworbene Führungskräfte. Dies war quasi der Wehrmutstropfen für mich.

Ich denke, dass Sie verstanden haben, wie ich meine Eigen-Motivation tagtäglich hochhalten konnte. Diese Eigen-Motivation war die Basis für eine überzeugende Motivation meiner Mitarbeitenden. Darum ist meine klare Empfehlung an Sie, an Ihrer Eigen-Motivation zu arbeiten.

Manchmal habe ich von Management-Kollegen gehört, dass die mit dem Unternehmen vereinbarten Ziele zu hoch seien. Dann verwies ich darauf, dass zur Vereinbarung von Zielen zwei Seiten gehören, wenn es korrekt läuft. Auf das Thema Zielvereinbarung werde ich noch zu schreiben kommen.

Ich erinnerte meine Kollegen daran, dass Jahresziele möglicherweise im Halbjahr nachverhandelt werden könnten. Selbst wenn dies nicht möglich sein sollte, dann sollte zumindest versucht werden, möglichst nahe an die vereinbarten Ziele heranzukommen.

Beim Aspekt Eigen-Motivation aufgrund von Förderungen der Mitarbeitenden im eigenen Team sollte es keine Hindernisse geben. Auch dies könnte ein unerschöpflicher Motivationsfaktor für jede Führungskraft sein.

Nichtsdestotrotz sollten Sie mit Ihrem Vorgesetzten darüber sprechen, wenn Sie sich zu wenig von ihm motiviert fühlen. Manche Vorgesetzte sind sich dessen nicht oder nicht in genügendem Maße bewusst. Gerade Nachwuchs-Führungskräfte brauchen in jungen Jahren selbst noch Führung und Feedback, sei es durch Lob oder durch konstruktive Kritik.

In der täglichen Führungsarbeit werden Sie feststellen, dass Ihre Mitarbeiter auf verschiedene Motivationsfaktoren unterschiedlich reagieren. Manche lassen sich über besondere Anerkennung der Leistungen, sei es in Teammeetings oder in Mitarbeiterveranstaltungen, oder über Sonderlob in einem Schreiben besonders motivieren, weiterhin bestmögliche Leistungen zu erbringen. Andere werden durch die Auslobung von Bonuszahlungen besonders angesprochen. Verkaufspersonen werden oftmals durch vergleichende Darstellung der Verkaufsergebnisse besonders motiviert.

In Relation zum Aufwand ist gutes und richtiges Loben das effizienteste Motivationsinstrument, da keine Kosten verursacht werden. Es bedarf allerdings der benötigten Zeit und der richtigen und angemessenen Worte des Vorgesetzten. Darum wird im vierten Teil darauf ausführlicher eingegangen werden.

In einem anderen Ratschlag habe ich darauf hingewiesen, wie wichtig vorbildliches Verhalten in der Mitarbeiterführung ist. Wenn sich der Chef möglichst vorbildlich in Aspekten wie Zuverlässigkeit, Höflichkeit und Pünktlichkeit verhält, so wird dies früher oder später Mitarbeitende motivieren, sich daran zu orientieren.

Falls Sie, werte Lesende, sich bezüglich Motivation oder Selbstmotivation weiterentwickeln möchten, so gibt es dazu vielfache Literatur, wie beispielsweise „Dauerhafte Selbstmotivation" [34] oder neueren Datums „Motivation in der Arbeitswelt" [27]. Auch dazu werden vielfach Seminare angeboten.

Prioritäten setzen für das eigene Team

Im ersten Teil habe ich ausführlich dargelegt, wie wichtig die Prioritätensetzungen einer Führungskraft für die eigenen beruflichen und privaten Aufgaben sind. Dies gilt in gleichem Maße für die Priorisierung der Aufgaben und Herausforderungen des Teams durch die Führungskraft oder durch den verantwortlichen Projektleiter.

Auch dafür eignet sich die bereits dargestellte „Eisenhower"-Matrix sehr gut [19]. Je nachdem, ob die Team-Aufgaben wichtig und/oder dringlich sind, sollten die zugleich wichtigen und dringlichen Teamaufgaben mit höchster Priorität versehen werden. Wichtige, aber nicht dringliche Aufgaben müssen nicht sofort erledigt werden. Allerdings sollten dafür verbindliche Zeitrahmen gesetzt werden.

Dringliche, aber nicht wichtige Aufgaben sollten zwar zeitnah erledigt werden, können allerdings je nach Möglichkeit auf andere Bereiche oder Teams verteilt oder delegiert werden. Weder dringliche noch wichtige Aufgaben haben den geringsten Wert für die Erreichung der vereinbarten Ziele und könnten im Zweifel sogar unerledigt bleiben.

Darum empfehle ich jeder Führungskraft und insbesondere den Nachwuchskräften, diese Präzisierung und Neubewertung aller offenen und unerledigten Teamaufgaben in einem geregelten Rhythmus vorzunehmen und bei Bedarf, diese Aufgaben neu zu bewerten und zu gruppieren. Dies wird insbesondere dann erforderlich sein, wenn neue Aufgaben hinzukommen oder wenn sich unerwartet organisatorische oder finanzielle Schwierigkeiten zeigen.

Mitarbeitergespräche sind ein besonders wichtiges Führungstool

Die Vorbereitung und effektive Führung von Mitarbeitergesprächen sind besonders wichtige Führungsaufgaben. Diesen habe ich selbst viel Bedeutung beigemessen und mir die dafür benötigte Zeit genommen.

In sehr vielen Großunternehmen soll es standardmäßig ein Jahres-Mitarbeitergespräch geben, deren Ergebnisse zumeist auch dem Personalbereich übergeben werden. Ich selbst habe nahezu immer mindestens zwei dieser Mitarbeitergespräche mit allen mir anvertrauten Mitarbeitern pro Jahr geführt.

Manchmal kann es bei Problem-Situationen erforderlich sein, solche Mitarbeitergespräche außerhalb des standardmäßigen Rhythmus zu führen. Bei auftretenden außergewöhnlichen Problemen mit einem Mitarbeiter habe ich nicht bis zum nächsten „offiziellen" Gesprächstermin gewartet, sondern ein solches ehestmöglich geführt. Dies ist dann allemal besser und authentischer.

Ich kannte einige Management-Kollegen, für die das Führen von Mitarbeitergesprächen lästige, vom Personalbereich eingeforderte Aufgaben waren. Für mich hingegen waren diese Gespräche in mehrfacher Hinsicht enorm wichtig. Darum habe ich mich darauf sehr gut vorbereitet und mir auch die jeweils erforderliche Zeit genommen. Zumeist haben

E. Minar, *Praxistipps für Nachwuchs-Führungskräfte*, https://doi.org/10.1007/978-3-658-44030-5_21

diese Gespräche mindestens eine Stunde und in seltenen Fällen sogar bis zu drei Stunden gedauert.

Entgegen der Praxis in einigen Unternehmen oder mancher meiner Kollegen, habe ich zwei Themen ganz bewusst nicht in Mitarbeitergesprächen behandelt, da sie den Sinn eines solchen Gesprächs untergraben würden. Darum habe ich diese Themen separat vom eigentlichen Mitarbeitergespräch behandelt.

Dies waren zum einen die jährlichen oder halbjährlichen Zielvereinbarungen. Da es für mich bedeutsam war, Ziele meinen Mitarbeitern nicht bloß vorzugeben, sondern diese angemessen zu erklären und danach zu vereinbaren, habe ich bewusst diese Gespräche von den eigentlichen Mitarbeitergesprächen getrennt geführt.

Zum anderen waren dies die jährlichen Gehaltsgespräche und mögliche Bonus-Vereinbarungen. Darum empfehle ich auch Nachwuchs-Führungskräften dringend, Gehaltsgespräche und Mitarbeitergespräche zeitlich voneinander zu trennen.

Dagegen habe ich die Beurteilung und Bewertung meiner Führung durch den Mitarbeiter immer auch zu einem Thema im Rahmen der von mir geführten Mitarbeitergespräche gemacht, selbst dann, wenn dies kein Bestandteil der vom Personalbereich vorgegebenen Gesprächsstandards war.

Für mich war eine offene Bewertung meinerseits durch meine Mitarbeiter immer besonders wichtig, da ich daraus nur lernen konnte. Dabei habe ich meine Mitarbeiter immer ermuntert, allenfalls Kritik zu üben. Sie konnten sich sicher sein, dass ich mögliche Kritikpunkte an meinem Verhalten niemals negativ betrachten würde.

Zum wichtigen Führungsthema Mitarbeitergespräche gibt es besonders viel Literatur, um sich weiterentwickeln zu können. Beispielhaft seien an dieser Stelle genannt: „Mitarbeitergespräche erfolgreich führen" [21] oder „Mitarbeitergespräche führen" [3] oder „Schwierige Mitarbeitergespräche" [12].

Die meisten Personalabteilungen bieten betriebsinterne Handlungsanleitungen für Führungskräfte betreffend das Führen von Mitarbeitergesprächen. Daneben finden sich viele Seminarangebote zu diesem besonders wichtigen Führungstool.

Im vierten Teil wird im Zusammenhang mit dem Umgang mit Mitarbeitenden nochmals auf zielführende Mitarbeitergespräche eingegangen werden.

Richtig und angemessen delegieren

Junge Führungskräfte haben oftmals Schwierigkeiten, gut und angemessen zu delegieren. Auch ich bekenne, dass ich in jungen Jahren möglichst alles selbst machen wollte.

Dies ist vor allem aus zwei Gründen falsch: zum einen, weil die Gefahr besteht, sich selbst zu überfordern und zum anderen, weil es den Mitarbeitenden die Chancen nimmt, sich über höherqualifizierte Aufgaben weiterzuentwickeln.

Zunächst sollten mit dem Mitarbeiter, an den eine qualifizierte Aufgabe delegiert wird, die zu erreichenden Ziele vereinbart werden. Dabei muss allerdings sichergestellt werden, dass dieser Mitarbeitende über das erforderliche Wissen verfügt und dass ihm die erforderlichen Mittel zur Verfügung gestellt werden.

Es ist nicht nur legitim, sondern zumeist auch sehr hilfreich, den Mitarbeiter nach seinem Vorgehen zu fragen und ihn allenfalls durch gezielte Fragen zu unterstützen. Dann sollte die Führungskraft diesen Mitarbeiter seine Arbeit machen lassen.

Gerade bei jungen und noch wenig erfahrenen Mitarbeitern ist es ratsam, einen oder mehrere Zwischenberichte einzufordern, um sicherzustellen, dass das vereinbarte Ziel erreicht wird. Meine Empfehlung ist,

E. Minar, *Praxistipps für Nachwuchs-Führungskräfte*, https://doi.org/10.1007/978-3-658-44030-5_22

diesen Mitarbeiter die delegierte Arbeit bis zum Abschluss weitermachen zu lassen, wenn das anvisierte Ziel erreicht werden kann.

Nur wenn klar erkennbar ist, dass der eingeschlagene Weg des Mitarbeiters kaum mehr Chancen hat, das vereinbarte Arbeitsziel zu erreichen, rate ich rechtzeitig einzugreifen. Die delegierte Aufgabe sollte beim Mitarbeiter verbleiben, damit dieser daran Erfahrungen sammeln kann. Allerdings sollte in diesem Fall die Unterstützung über Handlungsempfehlungen deutlich stärker werden.

Richtig und angemessen zu delegieren und dadurch den Mitarbeiter zu fordern und zu fördern ist eine sehr wichtige Führungsaufgabe. Richtig delegieren bedeutet für eine Führungskraft nicht nur eigene Zeit für andere wesentliche Aufgaben zu sparen. Richtiges und gutes Delegieren ist vielmehr ein Schlüssel für gute Führung. Wer gut delegiert, bietet seinen Mitarbeitern Motivation, Identifikation, Sinn und Entwicklungsperspektiven und fördert diese nachhaltig [2].

Gut zu delegieren kann man lernen. Diesbezüglich gibt es zahlreiche Seminar-Möglichkeiten sowie einige Literatur für Führungskräfte wie beispielsweise „Motivierend delegieren, kontrollieren, kritisieren" [16] oder „Motivieren – Delegieren – Kritisieren. Die Erfolgsfaktoren der Führungskraft" [5].

„Sense of Urgency" entwickeln

Wenn ich in Vorträgen über „Sense of Urgency" gesprochen und diesen empfohlen habe, habe ich zumeist die Notwendigkeit von näheren Erläuterungen dazu gespürt.

Wir leben in einer sehr schnelllebigen Zeit. Die Entwicklungen auf den Märkten, die Aktionen des Wettbewerbs sind wesentlich rascher als vor einigen Jahrzenten. Dieser Erkenntnis sollte die Reaktionsgeschwindigkeit von Unternehmensleitungen und nahezu aller Führungskräfte Rechnung tragen.

In meinen jungen Management-Jahren war mir ein solcher „Sense of Urgency" noch fremd. Im Laufe der letzten drei Jahrzehnte und infolge meiner Interim-Management-Mandate hat sich bei mir dieses Erfordernis massiv eingeprägt, sodass ich manchmal achten musste, nicht zu forsch zu handeln.

In meinen Jahren als junge Führungskraft galten damals die berühmten 100 Tage Einarbeitungszeit für Manager. Diese Zeiten sind schon lange passé. Je nach Branche und Hierarchie-Level haben sich diese quasi erlaubten Einarbeitungs- und Eingewöhnungszeiten für Führungskräfte auf 20 bis maximal 30 Tage reduziert. In den letzten fünfzehn Jahren war ich in sieben Mandaten als Interim Manager tätig. Für Interim Manager

© Der/die Autor(en), exklusiv lizenziert an Springer Fachmedien Wiesbaden GmbH, ein Teil von Springer Nature 2024
E. Minar, *Praxistipps für Nachwuchs-Führungskräfte*,
https://doi.org/10.1007/978-3-658-44030-5_23

sind als Einarbeitungszeit maximal zehn Tage gestattet. Oftmals wollen die Unternehmen bzw. Auftraggeber erste Resultate bereits nach fünf Tagen sehen.

Aufgrund zumeist besser verfügbarer Daten und Kennzahlen lassen sich Fehlentwicklungen zumeist frühzeitiger erkennen und können raschere Korrekturhandlungen auslösen. Es sollte weder allzu hektisch gehandelt noch überreagiert werden. Trotzdem sollten keine Zeiten vertrödelt werden, weil Wettbewerber bei Marktveränderungen mit hoher Wahrscheinlichkeit rasch reagieren und eigene Unternehmensschwächen nutzen würden.

Ich kannte viele Manager bzw. Unternehmenssituationen, in denen verantwortliche Führungskräfte viel zu lange mit Korrekturmaßnahmen gewartet haben, weil sie auf das Prinzip Hoffnung setzten. Meine Erfahrungen zeigten mir deutlich, dass es falsch ist, zu lange auf unwahrscheinliche Besserungen zu hoffen. Solche Verbesserungen sind zumeist nicht oder in viel zu geringem Maße eingetreten.

Auch wenn Sie als Nachwuchs-Führungskraft vermutlich noch nicht in einer Position sind oder in Kürze sein werden, wichtige und gravierende Unternehmensentscheidungen zu treffen, so möchte ich Ihnen dennoch empfehlen, diesen „Sense of Urgency", also das Gespür für dringende Korrekturmaßnahmen, zu entwickeln.

Geben Sie sich nicht mit Beschwichtigungen zufrieden, setzen Sie klare Terminziele, um erforderliche Maßnahmen zu beschleunigen. Damit könnten Sie hoffentlich rascher als der Wettbewerb handeln und sich dadurch Wettbewerbsvorteile verschaffen.

Dieser Sense of Urgency sollte insbesondere für den Vertrieb gelten. Wenn das Warenlager zu groß wird, dann wird zumeist jener Marktteilnehmer erfolgreich sein, der zuerst reagiert und damit vielfach sein Überlager trotz Preisnachlässen immer noch profitabel verkaufen kann.

Dieses Gespür für rasche Korrekturmaßnahmen gilt nicht nur für den Vertrieb, sondern für nahezu alle Unternehmensbereiche und selbst für den Personalbereich. Wenn absehbar ist, dass ein neu eingestellter Arbeitnehmer bzw. eine neu besetzte Führungsposition nicht die gewünschten Leistungen erbringen, dann sollte sich der jeweilige Vorgesetzte in Abstimmung mit dem HR-Management entscheiden, ob Weiterbildungs-Maßnahmen hilfreich sein könnten oder ob eine Trennung in der Probezeit ratsam sei.

„Zeitfresser" minimieren

Zeit ist keine unendliche Ressource und daher sehr kostbar. Dies gilt insbesondere für Führungskräfte. Darum sollten sogenannte „Zeitfresser" minimiert und wenn immer möglich sogar eliminiert werden. Unsinnige Arbeiten sollten weitestgehend vermieden werden.

Zu diesen möglichen Zeitfressern zählen insbesondere Meetings mit mehreren Teilnehmern. Dabei werden oftmals leider viele Arbeitszeiten vergeudet.

Ich hatte einmal einen sehr erfahrenen und kompetenten Vorgesetzten, der es liebte, an Bereichsmeetings mit allen meinen Mitarbeitern teilzunehmen und in diesen Besprechungen über seine Erfahrungen und Erfolge in der Vergangenheit zu berichten. Dadurch sind viele wertvolle Arbeitszeiten meiner Mitarbeiter verloren gegangen.

Mühsam konnte ich diesen Vorgesetzten überzeugen, dass die Zeiten meiner Mitarbeiter für Kundenkontakte besser und effizienter eingesetzt werden könnten und dass es effektiver und vor allem effizienter wäre, wenn ich seine von ihm geschätzten Meetings mit ihm allein abhalten würde und die dabei gewonnenen Erkenntnisse meinen Mitarbeitern später in Kurzform berichten würde. Überdies konnte ich ihn überzeugen, dass es am besten und effizientesten wäre, wenn diese Meetings

© Der/die Autor(en), exklusiv lizenziert an Springer Fachmedien Wiesbaden GmbH, ein Teil von Springer Nature 2024
E. Minar, *Praxistipps für Nachwuchs-Führungskräfte*,
https://doi.org/10.1007/978-3-658-44030-5_24

zwischen ihm und mir an Sonntagen stattfinden könnten, weil dadurch keine Zeiten für mögliche Kundenkontakte verloren gingen. Dieses Vorgehen hat dann erfreulicherweise die Meeting-Zeiten an Sonntagen deutlich reduziert.

Meetings mit mehreren Mitarbeitern lassen sich sicherlich nicht gänzlich vermeiden, aber die Zeiten könnten erheblich reduziert und die Effizienz deutlich gesteigert werden, wenn folgende Maßnahmen angewandt werden:

- jedes Meeting sollte eine klare Zielsetzung haben;
- die Meeting-Agenda sollte rechtzeitig vorab versandt werden, damit sich Präsentatoren und Teilnehmer genügend vorbereiten können;
- nach jedem Meeting sollte es ein Kurzprotokoll geben, in dem lediglich die getroffenen Entscheidungen und offene Aufgaben festgehalten werden;
- die Präsentations- und Redezeiten der Teilnehmer sollten kurzgehalten werden.

Ein weiterer „Zeit- und Kostenfresser" sind nicht zwingend erforderliche Reisen. Gerade die Covid-19-Pandemie Zeiten haben gezeigt, dass viele Reisen vermieden werden können. Natürlich sind manche Reisen aus Gründen der Mitarbeiter- und Kundennähe dringend erforderlich, aber ein sinnvoller Mix aus persönlichen Treffen und Online-Meetings könnte viele Reisezeiten und -kosten verringern.

Zu den Aufgaben jeder Führungskraft sollte gehören, dass sie diese Zeitfresser in ihrem Bereich für ihre Mitarbeiter und für sich selbst erkennt und anstrebt, diese in einem vernünftigen Maße zu reduzieren. Außerdem sollte sie unsinnige Aufgaben und Arbeiten ohne klare Zielsetzung eliminieren bzw. zumindest drastisch reduzieren.

Teil IV

Umgang mit Mitarbeitenden

Teamplayer und Teamleader sein

Jeder Führungskraft sind sicherlich die Bedeutung und Wichtigkeit von Teamarbeit bewusst. Ohne ein motiviertes Team mit den erforderlichen Fähigkeiten und Kenntnissen und ohne sehr gute Zusammenarbeit der Team-Mitglieder wird auch die beste Führungskraft die vereinbarten Ziele nicht erreichen können. Keine Führungskraft wird bestreiten, dass nahezu immer das Zusammenarbeiten in einem Team bessere Ergebnisse bringt, als wenn jedes Mitglied allein für sich tätig wäre.

Diese Tatsache unterstreicht, warum eine Führungskraft immer auch ein guter Teamplayer sein sollte. Dazu kommt, dass Nachwuchs-Führungskräfte mit anderen Managern der gleichen Unternehmens-Hierarchieebene ebenfalls ein Team bilden, um gemeinsam mit ihrem Vorgesetzten die Ziele dieses Unternehmensbereichs zu erreichen.

In den letzten Jahrzehnten haben sich in Wirtschaftsunternehmen zwei relevante Entwicklungen gezeigt: erstens, es gibt weniger Hierarchiestufen in Unternehmen, die Strukturen sind flacher geworden; zweitens, Arbeiten in Projektteams haben deutlich an Stellenwert gewonnen. Beide Entwicklungen unterstreichen die Wichtigkeit von Teamarbeit.

Nachwuchs-Führungskräfte werden häufig als Mitglieder von Projektteams herangezogen, da dies deren Weiterentwicklungen in fachlichen

© Der/die Autor(en), exklusiv lizenziert an Springer Fachmedien Wiesbaden GmbH, ein Teil von Springer Nature 2024
E. Minar, *Praxistipps für Nachwuchs-Führungskräfte*,
https://doi.org/10.1007/978-3-658-44030-5_25

Aspekten als auch in Führungskompetenzen fördern soll. Oftmals übernehmen Nachwuchskräfte zunächst Aufgaben als Projektleiter, um ihre Führungsfähigkeiten zu entwickeln, um danach selbst Führungsaufgaben innerhalb der Unternehmensstrukturen übertragen zu bekommen.

Gleichzeitig sollte jede Führungskraft auch ein Teamleader sein. Dazu zählen einerseits die klassischen Aufgaben jeder Führungskraft, wie das Herunterbrechen von vereinbarten übergeordneten Zielen für ihr Team, das Führen und Coachen der Team-Mitglieder, die fachliche und Persönlichkeits-Entwicklung der Team-Mitglieder und die Förderung von Teamarbeit.

Andererseits muss eine Führungskraft immer die Unternehmensziele im Auge haben und sollte bei unterschiedlichen Ansichten in ihrem Team betreffend die Vorgehensweise entweder einen für alle bzw. für die Mehrheit der Team-Mitglieder akzeptablen Kompromiss finden, welcher das vereinbarte Ziel erreichen lässt. Falls ein Kompromiss nicht zustande kommen kann, dann muss auch eine Nachwuchs-Führungskraft die Rolle des Teamleaders übernehmen und eine Entscheidung treffen. Diesbezüglich rate ich besonders jungen Nachwuchskräften, sich mit ihren Vorgesetzten abzustimmen und sich deren Unterstützung zu sichern.

Die Durchsetzungsstärke als Teamleader kann gelegentlich auch erforderlich sein, um das vorgegebene Gruppenziel bzw. das Unternehmensziel zu schaffen. Wenn allerdings mehrere Wege zum Ziel führen, dann empfehle ich jenen zu wählen, welchen die Mehrheit der Team-Mitglieder für richtig hält. Dies unterstreicht, dass Führungskräfte das Wechselspiel von Teamplayer und Teamleader beherrschen sollten.

Fördern durch Fordern

Zu den wichtigsten Aufgaben einer Führungskraft zählen die Weiterentwicklung und Förderung der anvertrauten, zu führenden Mitarbeiter. Das besondere Geschick eines Vorgesetzten liegt darin, seine Mitarbeiter durch das Heranführen an immer höher qualifizierte Aufgaben weiterzuentwickeln.

Dieses Fördern durch Fordern umfasst drei Aspekte: die Weiterentwicklung jedes einzelnen zugeordneten Mitarbeiters, die stetige Höherqualifizierung seines gesamten Teams und nicht zuletzt seine eigene persönliche Entwicklung.

Durch ständige Beobachtung und Bewertung der Leistungen jedes einzelnen Mitarbeiters, durch richtiges Loben bzw. durch angemessene konstruktive Kritik, durch Mitarbeitergespräche und durch Zuordnung von Aufgaben mit steigenden Graden an Erfordernissen und Schwierigkeiten fördert eine Führungskraft ihre Mitarbeiter. Diese Förderung soll einerseits fachliche Komponenten umfassen und andererseits ausloten, inwieweit sich ein Mitarbeiter für spätere Führungsaufgaben eignen könnte.

Die angestrebte Weiterentwicklung der zugeordneten Mitarbeiter könnte und sollte, wenn immer möglich und angemessen, auch durch

© Der/die Autor(en), exklusiv lizenziert an Springer Fachmedien Wiesbaden GmbH, ein Teil von Springer Nature 2024
E. Minar, *Praxistipps für Nachwuchs-Führungskräfte*,
https://doi.org/10.1007/978-3-658-44030-5_26

Übertragung von projektbezogenen Aufgaben oder durch Überlassung dieser Mitarbeiter in bereichsübergreifenden Projektteams erfolgen. Oftmals können sich eigene Team-Mitglieder durch projektbezogene Aufgaben für höhere Herausforderungen oder sogar für Führungsaufgaben qualifizieren.

Durch sehr gute Teamarbeit können die jeweiligen Teamleader ihre Führungsqualitäten unter Beweis stellen. Wenn ganze Teams wiederholt ihre Leistungsfähigkeit beweisen, könnten diese für immer anspruchsvollere Aufgaben herangezogen werden. Auch dies sollte für Nachwuchs-Führungskräfte eine große Motivation und ein besonderer Anreiz sein.

In gleichen Maßen wie die Förderung einzelner Teammitglieder und die Weiterentwicklung des gesamten Teams sollte eine Nachwuchs-Führungskraft ebenso sich selbst durch immer höhere Anforderungen an sich selbst fordern und damit auch fördern.

Wenn eine Nachwuchs-Führungskraft die Karriereleiter bis ganz oben emporklettern will, dann dürfte sie mit sich selbst nie restlos zufrieden sein. Selbst wenn diese das mit ihrem Vorgesetzten vereinbarte Gruppenziel erreicht hat, so sollte sie sich immer noch fragen, ob nicht noch mehr hätte erreicht werden können bzw. ob die Ziellatte zu tief gelegen habe.

Diesbezüglich sollten sich Nachwuchs-Führungskräfte Beispiele an Spitzensportlern nehmen. Erfolgreiche Spitzensportler hinterfragen immer ihre eigenen Leistungen und versuchen Antworten zu geben, ob nicht noch bessere Leistungen möglich wären. Stillstand bedeutet für Spitzensportler zumeist einen Rückschritt, weil sich sportliche Wettbewerber weiterentwickeln und versuchen noch bessere sportliche Leistungen zu erbringen.

Wenn meine Teams unter meiner Führung sehr gute wirtschaftliche Leistungen erbracht und die Zielvorgaben erreicht haben, dann habe ich das Team entsprechend gelobt und gewürdigt. Nachdem ich mit meinem Team die erzielten Erfolge gefeiert habe, habe ich in meinem Arbeitszimmer allein darüber nachgedacht, ob mein Team unter meiner Führung nicht noch mehr hätte erreichen können, was ich hätte bessermachen können, was ich bei der Erreichung dieser Zielvorgaben gelernt habe und wie ich das Gelernte künftig besser anwenden könne.

Manchmal wurde ich von meinen Management-Kollegen und sogar gelegentlich von meinen Vorgesetzten gefragt, warum ich nie restlos mit dem Erreichten zufrieden sei. Ich habe versucht, dies mit meinem großen Ehrgeiz zu begründen. Beruflich betrachtet hat mir mein hoher Ehrgeiz nie geschadet. Wichtig ist allerdings, dass der persönliche Ehrgeiz einer Führungskraft nicht die Leistungsfähigkeit ihres Teams überreizen sollte, und dass die Zielvorgaben für das Team und für die einzelnen Team-Mitglieder erreichbar sein sollten, selbst wenn dafür besondere Leistungen erbracht werden müssten.

Mitarbeiter eigene Wege gehen lassen

In meinen jungen Jahren als Nachwuchs-Führungskraft habe ich mich diesbezüglich besonders schwergetan. Ich meinte, zumeist alles besser zu wissen und deshalb auch meinen Mitarbeitern gewisse Handlungsanweisungen geben zu müssen. Erfreulicherweise habe ich im Laufe der frühen Führungsjahre dazugelernt und habe dann mein Verhalten entsprechend angepasst.

Natürlich ist es erforderlich, dass sich Mitarbeiter an gesetzliche und an betriebliche finanzielle Rahmenbedingungen halten müssen. Aber wenn unterschiedliche Wege und Handlungen zum gleichen Ziel führen könnten, dann sollte den Mitarbeitern ein gewisses Maß an Freiraum eingeräumt werden.

Statt als Führungskraft konkrete Handlungsanweisungen vorzugeben, ist es besser, mit dem Mitarbeiter gemeinsam Ziele zu vereinbaren. Als Vorgesetzter könnte man auch nach den Vorschlägen der Mitarbeitenden fragen, wie sie die vereinbarten Ziele erreichen wollen.

Wenn man als Führungskraft gänzlich anderer Ansicht ist, dann ist es ratsam, die Vorschläge des Mitarbeiters zu hinterfragen und den Mitarbeiter durch gezielte Fragen in eine andere Richtung zu steuern. Sollte sich bei diesen Fragen zeigen, dass auch der vorgeschlagene Weg des Mit-

© Der/die Autor(en), exklusiv lizenziert an Springer Fachmedien Wiesbaden GmbH, ein Teil von Springer Nature 2024
E. Minar, *Praxistipps für Nachwuchs-Führungskräfte*,
https://doi.org/10.1007/978-3-658-44030-5_27

arbeiters mit akzeptabler Wahrscheinlichkeit zum vereinbarten Ziel führen könnte, dann wäre es aus meiner Erfahrung besser, den Mitarbeiter seinen vorgeschlagenen Weg gehen zu lassen.

Ergänzend kann es sinnvoll sein, nach einer adäquaten Zeit einen Zwischenstatus vom Mitarbeiter zu erfragen. Ich habe selbst oftmals erlebt, dass der für mich überraschende Weg des Mitarbeiters zu einem deutlich besseren Ergebnis führte, als ich erwartet hatte.

Mitarbeiter bemühen sich dadurch wesentlich mehr, weil sie beweisen wollen, dass ihre Vorschläge die vereinbarten Ziele erreichen, als wenn sie vom Vorgesetzten eine klare Handlungsanweisung hinsichtlich eines Weges zur Zielerreichung erhalten hätten.

Wesentlich ist, dass die vorgegebenen Ziele erreicht werden und dass dabei die Rahmenbedingen, wie Zeit- und Budgetvorgaben, eingehalten werden. Auch diesbezüglich zitiere ich ein Sprichwort: „Viele Wege führen nach Rom".

Ich habe nicht nur bei mir in den frühen Management-Jahren, sondern auch bei anderen gleichaltrigen Kollegen bemerkt, dass sie sich damals ähnlich wie ich verhalten haben und mehr zu Handlungsanweisungen tendierten als zu Zielvereinbarungen. Darum habe ich diese Empfehlung in diesem Buch angeführt.

Loben Sie, allerdings ehrlich und richtig

In meinen jungen Jahren als Führungskraft habe ich gelernt, wie wichtig Loben und vor allem ehrliches und richtig praktiziertes Lob ist.

Ich hatte einen Management-Kollegen, der seine Mitarbeiter nahezu ständig mit „super gemacht" gelobt hat, egal, ob jemand sich viel Mühe gemacht hat, egal, ob das angestrebte Ergebnis einfach erreicht wurde oder ob es besonders übertroffen wurde. Seine Reaktion war immer dieselbe: „super gemacht". Solch gleichmäßiges und dauerhaftes Loben kann man nicht wirklich ernstnehmen, da es schon bald abstumpft. Solches Loben wird nach einer gewissen Zeit nicht mehr als ehrlich empfunden. Dagegen ist es besser, vielleicht weniger häufig, aber dafür ehrlich und richtig zu loben.

Es gibt Mitarbeiter, die sich in der Tat bei jedem Ergebnis melden und ein kurzes positives Statement möchten. In solchen Fällen ist ein einfaches: „Das haben Sie gut gemacht" mit unterschiedlichen Worten angebrachter als überschwängliches Lob.

Wenn ein Mitarbeiter Außerordentliches leistet, wenn ein Mitarbeiter ein besonders gutes oder wichtiges Ergebnis vorweisen kann, dann ist ehrliches Loben sehr empfehlenswert. Solches Lob kann in vielfacher

© Der/die Autor(en), exklusiv lizenziert an Springer Fachmedien Wiesbaden GmbH, ein Teil von Springer Nature 2024
E. Minar, *Praxistipps für Nachwuchs-Führungskräfte*,
https://doi.org/10.1007/978-3-658-44030-5_28

Weise angebracht werden, sei es durch ein spontanes mündliches Loben oder mittels eines schriftlichen Dankes.

Meine besten Erfahrungen habe ich mit zwei Formen des Lobens gemacht: Einerseits mit klaren Lobesworten in großer Runde, wie in den wöchentlichen oder monatlichen Team-Meetings. Andererseits mit einem schriftlichen Lob per E-Mail, wobei ich meinen Vorgesetzten in Kopie gesetzt habe. Über beide Formen haben sich meine Mitarbeiter am meisten gefreut, wie sie mir in ihrem Feedback zugetragen haben.

Auch wenn es das Sprichwort gibt „Wertvoll ist, was selten ist", so meine ich doch, lieber zu viel als zu wenig zu loben. Entscheidend ist, dass Sie eine Wortwahl finden, um ein differenzierteres Lob zwischen guten oder exzellenten Arbeiten und Ergebnissen ausdrücken zu können.

Zielführende Mitarbeitergespräche

Mitarbeitergespräche sind ein besonders wichtiges Element der Mitarbeiterführung und der Weiterentwicklung der Mitarbeitenden. Deshalb sollten Mitarbeitergespräche nicht bloß von Personalabteilungen eingeforderte Routineaufgaben sein, sondern zielführende Tools, um eigenen Mitarbeitern Feedback zu geben und vor allem, um über deren Weiterentwicklung zu sprechen.

Es ist selbstredend, dass diese Gespräche unter vier Augen und vertraulich geführt werden sollten. Ein wesentlicher Gesprächsteil sind die Bewertung und Beurteilung der Leistungen des Mitarbeiters, wobei diese im Falle meiner Mitarbeiter niemals überraschend ausgefallen sind. Wenn ein Mitarbeiter erst im Rahmen des Mitarbeitergesprächs von der Beurteilung seiner Leistungen erfährt, dann stimmt nach meiner Ansicht einiges nicht an der tagtäglichen Mitarbeiterführung.

Dennoch habe ich dieser zusammenfassenden Bewertung und Beurteilung viel Bedeutung zugemessen, da diese doch im Personalbereich oder von meinen Vorgesetzten eingesehen werden konnten. Wenn ich im Rahmen meiner Bewertung Kritik an den Leistungen anbringen musste, so habe ich mich immer an die bekannte Formel gehalten: einleitende

E. Minar, *Praxistipps für Nachwuchs-Führungskräfte*,
https://doi.org/10.1007/978-3-658-44030-5_29

lobende Worte, danach konstruktive Kritik und abschließend ein positives Statement.

Ein nicht nur für den Vorgesetzten, sondern auch für die Mitarbeiter besonders wichtiger Teil des Mitarbeitergesprächs sind die weiteren Entwicklungschancen im Unternehmen. In diesem Zusammenhang stehen ebenfalls Weiterbildungsmaßnahmen für den Mitarbeiter, sei es intern oder mittels externer Seminare oder in bereichsübergreifenden Projektarbeiten.

Darum ist meine klare Empfehlung an Nachwuchs-Führungskräfte: Ordnen Sie den Mitarbeitergesprächen eine hohe Priorität zu; Nutzen Sie diese Gespräche, um Ihren Mitarbeitenden angemessenes Feedback zu deren Leistungen zu geben und sie zu noch besseren Leistungen zu motivieren; Zeigen Sie Entwicklungsperspektiven für Ihre Mitarbeiter auf und vereinbaren Sie mit ihnen geeignete Schritte, um sie durch Fordern entsprechend zu fördern.

Ziele mit Mitarbeitern vereinbaren und verfolgen

Zielvereinbarungsgespräche sind ebenfalls ein sehr wichtiges Führungs-Tool. Solche Gespräche können auch Teile der Mitarbeitergespräche sein. Ich persönlich habe bei meinen Mitarbeitern, wenn immer möglich, die klassischen Mitarbeitergespräche und die Zielvereinbarungsgespräche getrennt, um insbesondere erstere nicht zu überfrachten.

Empfehlenswert ist, gegen Ende eines Geschäftsjahres die Zielvereinbarungen für das kommende Jahr zu besprechen und zu vereinbaren und eine halbjährliche Revision zur Jahreshälfte vorzunehmen. Dabei sollte nicht nur die Zielerreichung des ersten Halbjahres beurteilt werden. Gleichzeitig könnten Jahresziele gemeinsam angepasst werden, wenn dies ratsam sein sollte.

Bei Vertriebsmitarbeitern werden die Verkaufs-, Umsatz- und Ergebnisziele ohnedies zumeist auf Monate verteilt, sodass Zielerreichungs-Gespräche deutlich häufiger stattfinden sollten.

Zumeist finden Zielvereinbarungsgespräche mit jedem einzelnen Mitarbeiter statt. Je nach Funktion und Aufgaben könnten Zielvereinbarungen auch mit dem gesamten Team gemeinsam besprochen und vereinbart werden.

© Der/die Autor(en), exklusiv lizenziert an Springer Fachmedien Wiesbaden GmbH, ein Teil von Springer Nature 2024
E. Minar, *Praxistipps für Nachwuchs-Führungskräfte*,
https://doi.org/10.1007/978-3-658-44030-5_30

Wie der Name schon ausdrückt, so sollten Ziele nicht bloß vorgegeben, sondern mit dem Mitarbeiter bzw. mit dem gesamten Team besprochen und vereinbart werden. Wenn immer mir dies möglich war, habe ich den Zielvereinbarungsprozess damit begonnen, dass ich zunächst das Unternehmensziel und die vorgegebenen Ziele für meine Gruppe präsentiert und erläutert habe.

In Abstimmung mit meinem Vorgesetzten habe ich die Ziele für meinen Verantwortungsbereich zumeist bewusst etwas höher angesetzt als im Jahresfinanzplan stand. Damit sollte sichergestellt werden, dass dieser Finanzplan erreicht werden sollte, selbst wenn ein oder mehrere Mitarbeiter meines Teams ihre individuellen Ziele nicht erreicht haben.

Danach habe ich die Zielvereinbarungsgespräche mit jedem meiner Mitarbeiter geführt. Dabei wurden zunächst die erreichten Ziele des laufenden Jahres beurteilt. In einem weiteren Schritt habe ich dem Mitarbeiter meine Zielvorgabe für ihn bzw. für sie vorgeschlagen und die Diskussion diesbezüglich eröffnet.

Das Wesentliche einer Zielvereinbarung sollte darin liegen, dass die Zielvorgabe besprochen und vereinbart wird und dass der Vorgesetzte und der Mitarbeiter diesem persönlichen Zielwert zustimmen. Am Ende eines Zielvereinbarungsgesprächs haben der Mitarbeiter und ich das vereinbarte Jahresziel auch formell gemeinsam unterzeichnet.

Wie schon erwähnt, habe ich bei allen Mitarbeitern ein Halbjahresgespräch zur Zielerreichung angesetzt. Wenn sich die Rahmenbedingungen entscheidend verändert haben, konnten die Zielwerte für das zweite Halbjahr angepasst werden.

Wichtig erscheint mir, dass die Ziele für jeden Mitarbeiter genügend anspruchsvoll und herausfordernd sind. Ganz im Sinne des schon angeführten Förderns durch Fordern.

Ratsam ist ebenfalls, dass die vereinbarten Ziele quantitative als auch qualitative Komponenten beinhalten. Auch Nicht-Vertriebsmitarbeiter sollten mindestens eine quantitativ messbare Zielgröße bekommen, sowie Vertriebsmitarbeiter auch mindestens ein qualitatives Ziel verfolgen sollten.

An quantitative und damit klar messbare Ziele können Bonus-Vereinbarungen geknüpft werden. Besonders empfehlenswert ist, ein messbares Gruppenziel für das gesamte Team festzulegen und dieses mit einem ausgelobten Bonus zu untermauern. Damit sollten die Zusammenarbeit im gesamten Team wirksam unterstützt und eine gewisse Gruppendynamik erreicht werden. Gerne habe ich die Erreichung des Gruppenziels mit einem ausgelobten attraktiven Gruppen-Event verknüpft.

Nicht nur die Zielvereinbarungen mit dem Team bzw. mit jedem Mitarbeiter sind wichtig. Das Erreichen der Ziele muss laufend beobachtet und kommuniziert werden. So habe ich regelmäßig bei den monatlichen Gruppen-Meetings den aktuellen Zielerreichungsgrad des Gruppenziels und, wenn immer möglich, auch jene der einzelnen Mitarbeiter dargestellt.

Damit habe ich ohne viele zusätzlich erforderliche Kommentare meinerseits zwei Reaktionen erreicht, welche die Zielerreichung insgesamt unterstützt haben.

Erstens: Kein Mitarbeiter wollte das Schlusslicht im kommunizierten Ranking sein. Darum haben sich besonders jene Mitarbeiter in den folgenden Wochen bemüht, die bei der bisherigen Zielerreichung am schlechtesten abgeschnitten hatten.

Zweitens: Um das Gruppenziel und den ausgelobten Gruppenbonus zu erreichen, wurden jene Mitarbeiter mit den bislang schwächsten Ergebnissen direkt oder indirekt von den anderen Team-Mitgliedern etwas unter Druck gesetzt. Manchmal war dies sogar wirksamer, als wenn ich dies selbst getan hätte.

Ich denke, dass ich Ihnen deutlich erläutert habe, warum für mich Zielvereinbarungsgespräche ein besonders wichtiges Element der Mitarbeiterführung darstellen und warum ich es als essenziell erachte, dass Ziele gemeinsam vereinbart werden.

Ich hatte manche Management-Kollegen erlebt, welche dieses Führungstool sehr wenig genutzt haben. Statt ausführlicher Gespräche und der Darstellung der Notwendigkeit der Zielerreichung durch das Team haben diese Führungskräfte die Ziele als durch das vorgelagerte Management vorgegeben und quasi aufgezwungen präsentiert. Damit war die Gefahr riesengroß, dass diese Ziele vom Team bzw. von jedem Teammitglied nicht mit dem erforderlichen Engagement verfolgt wurden.

Ich bin zuversichtlich, dass Sie mit Ihren Mitarbeitern anders und wie von mir empfohlen in Punkto Zielvereinbarung vorgehen werden. Auch diesbezüglich gibt es zahlreiche Literatur für Führungskräfte wie beispielsweise „Praxishandbuch Mitarbeiterführung" [20] oder „Zielvereinbarungen – kooperativ, aber konsequent: Ziele gemeinsam vereinbaren, beharrlich verfolgen, erfolgreich verwirklichen" [18].

Konflikte zu lösen anstreben

Die Lösung von Konflikten ist eine besonders kritische, aber auch wichtige Führungsaufgabe. Viele Menschen und auch Führungskräfte scheuen Konflikte und gehen diesen bewusst aus dem Weg, weil sie hoffen, dass sich Konflikte von allein lösen.

Es gibt in der Tat Konflikte, welche früher oder später ohne eine vorhergehende Lösung verschwinden. Dies sind allerdings seltene Ausnahmefälle, da Konflikte, die sich von allein aufzulösen scheinen, doch in gewisser Weise häufig weiterschwelen und zu einem späteren Zeitpunkt wieder auftauchen.

Auch für mich zählte das Lösen von Konflikten zu den anspruchsvollsten und schwierigsten Führungsaufgaben. Dennoch empfehle ich, Konflikten nicht aus dem Weg zu gehen, sondern sie in geeigneter Weise zu lösen versuchen.

In diesem Buch mit Ratschlägen an Nachwuchs-Führungskräfte fokussiere ich mich auf unternehmens- und bereichsinterne Konflikte. Diese könnten auf vier Ebenen stattfinden: Konflikte zwischen Mitarbeitenden, Konflikte mit einem Mitarbeiter, Konflikte mit gleichrangigen Management-Kollegen und mögliche Konflikte mit dem eigenen Vorgesetzten.

© Der/die Autor(en), exklusiv lizenziert an Springer Fachmedien Wiesbaden GmbH, **101**
ein Teil von Springer Nature 2024
E. Minar, *Praxistipps für Nachwuchs-Führungskräfte*,
https://doi.org/10.1007/978-3-658-44030-5_31

Konflikte zwischen eigenen Mitarbeitenden

Dies ist wahrscheinlich die am häufigsten auftretende und zu lösende Konfliktsituation für Führungskräfte. Mitarbeiter verfolgen oftmals unterschiedliche Interessen und haben unterschiedliche Ideen. Wenn sich dieser Konflikt nicht unter den Mitarbeitern lösen lässt, dann wird dieser an die Führungskraft herangetragen, um eine Entscheidung zu bekommen.

Meine Empfehlung zur Lösung solcher Konflikte ist, sich mit den Konfliktparteien an einen Tisch zu setzen und deren Argumente vortragen zu lassen. Solche Konflikte sollten in sachlich geführten Diskussionen zu lösen versucht werden. Bei allenfalls plötzlich auftauchenden Konflikten und hitzig geführten Diskussionen ist es oftmals hilfreich, die angestrebte Konfliktlösung auf einen folgenden Tag zu verschieben, da sich bis dahin die Gemüter zumeist schon etwas beruhigt haben.

Nachdem die Konfliktparteien ihre Argumente in geforderter sachlicher Weise vorgetragen haben, könnte die Führungskraft eine Kompromiss-Lösung vorschlagen, sofern ein solcher Vorschlag nicht die Erreichung der Unternehmens- bzw. Bereichsziele gefährdet. Im Falle eines Kompromisses sollte jede Konfliktpartei fairerweise etwas von ihrer ursprünglichen Forderung abgeben.

Sollte sich dadurch keine Konfliktlösung abzeichnen, dann könnte die Führungskraft mit jeder Konfliktpartei Individualgespräche führen, um einer Kompromiss-Lösung nahezukommen. Ist dies ebenfalls nicht möglich, dann bleibt der Führungskraft nur übrig, eine Entscheidung zu treffen und diese gegenüber allen Konfliktparteien in sachlicher Weise zu begründen.

Konflikte mit einem eigenen Mitarbeiter

Oftmals treten solche Konflikte in einem gemeinsamen Meeting mit anderen Mitarbeitern auf. Meine Empfehlung ist, einen solchen Konflikt nicht in der gleichen Besprechung zu lösen, sondern in einem folgenden Vieraugen-Gespräch. Wenn ein Mitarbeiter aus meinem Team emotional besonders aufgeladen war, habe ich es als vorteilhaft gesehen, ein Gespräch zur Konfliktlösung auf einen folgenden Tag zu verschieben, da sich bis dahin das Gemüt meines Mitarbeiters zumeist schon deutlich beruhigt hat.

Ich habe den Mitarbeiter aufgefordert, seine Argumente und Sichtweisen sachlich vorzutragen. Oftmals habe ich diesbezüglich festgestellt, dass es sich nicht um echte Konflikte handelte, sondern um Missverständnisse. Auch in diesen Fällen habe ich versucht, einen für beide Seiten akzeptablen Kompromiss zu finden. Wenn dies trotzdem nicht möglich war, habe ich eine Entscheidung treffen müssen und diese sachlich begründet.

Konflikte mit gleichrangigen Führungskräfte-Kollegen
Solche Konflikte ähneln jenen der gleichrangigen Mitarbeiter des eigenen Bereiches, wie zuvor dargestellt. Ich selbst hätte es immer als beschämend empfunden, wenn es mir als Führungskraft nicht gelungen wäre, eine Kompromiss-Lösung mit meinen Management-Kollegen zu finden. Meine Vorgesetzten haben darum auch erwartet, dass wir Führungskräfte uns auch ohne unseren gemeinsamen Vorgesetzten einigen können.

Nur in seltenen Fällen und vor allem wenn es sich um Budget-Aufteilungen gehandelt hat, haben wir eine Entscheidung unseres Vorgesetzten benötigt. Da höherrangige Vorgesetzte oftmals für deren Entscheidungen aufwendige Analysen und Begründungen gefordert haben, haben wir Management-Kollegen uns oftmals besser vorgängig zu einem Kompromiss durchgerungen.

Konflikte mit dem Vorgesetzten
Solche Konflikte ähneln jenen wie die zuvor dargestellten Konflikte mit dem eigenen Mitarbeiter, aber aus einer anderen Perspektive. Ich habe solche Konflikte nie erlebt und deshalb auch nie ausgetragen, da mir stets bewusst war, dass der Vorgesetzte am längeren Hebel sitzt.

Darum habe ich solche möglichen Konflikte niemals in bereichsübergreifenden Besprechungen zu lösen versucht. Vielmehr habe ich meine Argumente und Sichtweisen in Vieraugen-Gesprächen dargelegt und versucht, zu akzeptablen Kompromiss-Lösungen zu kommen.

Zu Konflikt-Lösungen lässt sich viel in der Management-Literatur nachlesen, wie beispielsweise „Erfolgreiches Konflikt Management" [35] oder „Konfliktmanagement: Konflikte vorbeugen, sie erkennen und lösen" [15] oder „Die 7 Techniken der Konfliktlösung" [30]. In Bezug auf Konfliktmanagement empfehle ich Nachwuchs-Führungskräften allerdings eher entsprechende Seminare mit konkreten Fällen und Übungen.

Vertrauen ist gut, Kontrolle ist besser

Im Zusammenhang mit der Führung von Mitarbeitern spreche ich lieber von Absicherung statt von Kontrolle, da das Wort Kontrolle in unserer Sprache tendenziell eine negative Konnotation hat. Die erforderliche Überprüfung ist allerdings im Interesse des Unternehmens vielfach erforderlich, vor allem wenn es um unternehmens-sensible Themen geht. Dies könnten Überweisungen von hohen Beträgen oder Bestellungen und Auftragserteilungen mit hohen Werten sein.

Ich hatte einen Management-Kollegen, der nahezu alle ihm vorgelegten Schreiben blind unterschrieben hat, da er davon ausging, dass alle diese Schreiben von seiner Assistentin aufmerksam geprüft wurden. Dabei hat er allerdings einmal übersehen, dass eine temporäre Unterstützungskraft ihm in unlauterer Absicht einen Überweisungsauftrag an eine nicht berechtigte Person zusammen mit anderen zu unterzeichnenden Schreiben vorgelegt hat. Bedauerlicherweise hat dieser Management-Kollege dies völlig übersehen.

Erst nach einigen Wochen ist diese unlautere Transaktion aufgefallen und die transferierten Gelder waren unwiederbringlich verschwunden und deshalb verloren. Diesem Kollegen hat dies den Job gekostet, und er

© Der/die Autor(en), exklusiv lizenziert an Springer Fachmedien Wiesbaden GmbH, ein Teil von Springer Nature 2024
E. Minar, *Praxistipps für Nachwuchs-Führungskräfte*,
https://doi.org/10.1007/978-3-658-44030-5_32

musste sich glücklich schätzen, nicht in Regress genommen zu werden, da damals auch eine weitere interne Kontrolle versagt hat.

Deshalb empfehle ich Nachwuchs-Führungskräften, auch wenn sie noch keine unternehmens-kritischen Aufgaben zu verantworten haben, Überprüfungen und Absicherungen vorzunehmen.

Bei neu einzuarbeitenden Mitarbeitern ist in den Anfangszeiten eine nahezu hundertprozentige Überprüfung ratsam. Selbst Schreiben nach extern sollten geprüft werden, da externe Schreiben als Visitenkarten des Unternehmens gelten.

Bei erfahrenen Mitarbeitern und nach einiger Zeit vertrauensvoller Zusammenarbeit bedarf es nicht mehr einer sehr umfassenden Überprüfung. Dennoch empfehle ich, bei Überweisungen bzw. bei Bestellungen und Aufträgen mit hohen Werten diese zu prüfen, bevor Führungskräfte diese freigeben bzw. unterzeichnen. Diesbezüglich besteht bei solchen Beträgen zumeist ohnedies ein Vieraugen-Prinzip, sodass neben der Führungskraft noch ein weiterer Manager bzw. ein Vorgesetzter vor der Freigabe mitunterschreiben müssen.

Auch wenn Kontrollen bzw. Überprüfungen als Misstrauen gewertet werden könnten, so sind sie dennoch aus unternehmerischer Sicht besonders erforderlich. Sehr viele Mitarbeitende sind auch froh, wenn sich der Vorgesetzte die Mühe macht, vorbereitete Unterlagen vor seiner Unterschrift zu prüfen, da dadurch die Gefahren von ungewollten Fehlern verringert werden.

Eine offene Arbeitszimmertür ermöglicht Zugänglichkeit und fördert das Arbeitsklima

Zumeist verfügen Führungskräfte über ein eigenes Arbeitszimmer, vor allem wenn sie die Karriereleiter bereits etwas nach oben gestiegen sind. Dies kann vorteilhaft sein, vor allem wenn man vertrauliche Gespräche zu führen hat. Nachteilig könnte sich dies auswirken, wenn sich eine Führungskraft dadurch zu sehr von seinen Mitarbeitern abschottet.

Wenn immer es möglich war, habe ich meine Arbeitszimmertür weit offengelassen, da dies viele Vorteile für mich gebracht hat. Dadurch war es mir möglich, vom Tagesgeschäft nicht zu sehr abgekapselt zu werden. Gleichzeitig konnte ich zeigen, dass ich erreichbar und ansprechbar bin. Darum konnten sich meine Mitarbeiter bei etwaigen Fragen unmittelbar an mich wenden.

Nur wenn ich vertrauliche Gespräche zu führen hatte, wie beispielsweise Mitarbeitergespräche, habe ich meine Arbeitszimmertür verständlicherweise geschlossen. Dies war dann für meine Mitarbeiter das klare Zeichen, dass ich nicht gestört werden sollte.

Wenn ich eine neue Führungsaufgabe angetreten habe, hat dies manchmal anfänglich zu starkem Besuch in meinem Arbeitszimmer geführt, weil Mitarbeiter meinten, mich über alle Vorgänge unmittelbar informieren zu müssen. Nach einer meist recht kurzen Eingewöhnungszeit und

E. Minar, *Praxistipps für Nachwuchs-Führungskräfte*, https://doi.org/10.1007/978-3-658-44030-5_33

mit einigen Erläuterungen meinerseits hat dies immer sehr bald zu einem guten Modus Vivendi geführt.

Als Führungskraft war ich für meine Mitarbeiter bei dringlichen Angelegenheiten jederzeit erreichbar, wenn die Arbeitszimmertür offenstand. In Feedback-Runden haben meine Mitarbeiter meine „Open-Door"-Erreichbarkeit sehr positiv gewürdigt. Es habe zu einer Verbesserung des Arbeitsklimas geführt.

Es soll jeder Führungskraft überlassen sein, wie sie diesbezüglich vorgehen möchte. Nachwuchs-Führungskräften empfehle ich aus meinen Erfahrungen heraus, ihre Arbeitszimmertür, wenn immer möglich, eher offen zu lassen als geschlossen zu halten.

Kündigungsgespräche richtig und angemessen führen

Kündigungsgespräche zu führen, sind sensible Aufgaben jeder Führungskraft und benötigen ein gutes Maß an Empathie und Einfühlungsvermögen. Bei diesem Ratschlag geht es um die Kündigungen von eigenen Mitarbeitern.

Fälle, in denen ein eigener Mitarbeiter gekündigt werden muss
Diesbezüglich sollte ein angemessenes Maß an Empathie angewandt werden. Zu unterscheiden ist, ob ein Mitarbeiter entlassen werden muss, weil seine Leistungen dauerhaft nicht den vereinbarten Erfordernissen entsprechen, oder ob betriebliche oder betriebswirtschaftliche oder organisatorische Gründe eine Entlassung erfordern.

Wenn ein Mitarbeiter entlassen werden muss, weil seine Leistungen nicht angemessen sind, dann sollten solche erforderlichen Kündigungen eigentlich keine Überraschungen für die zu entlassenden Mitarbeiter sein. In solchen Fällen sollten vorher bereits Ermahnungen und Verwarnungen deutlich genug ausgesprochen sein. Wenn die Leistungen solcher Mitarbeiter keine erkennbaren Verbesserungen zeigen, dann sollten Kündigungen erforderlich und für die zu entlassende Person nicht überraschend sein.

E. Minar, *Praxistipps für Nachwuchs-Führungskräfte*, https://doi.org/10.1007/978-3-658-44030-5_34

In Fällen, in denen betriebliche, betriebswirtschaftliche oder organisatorische Entwicklungen Kündigungen erforderlich machen, muss besonders behutsam vorgegangen werden, weil solche Kündigungen oftmals für den jeweiligen Mitarbeiter überraschend und sogar schockierend sein könnten.

In beiden erwähnten Fällen sollten die Kündigungen mündlich kommuniziert und sachliche Gründe angeführt werden. Ein entsprechendes schriftliches Kündigungsschreiben sollte vorbereitet und dem gekündigten Mitarbeiter unmittelbar überreicht werden.

Solche Kündigungsgespräche sollten nicht allein von der Führungskraft geführt werden. Bei diesen Gesprächen ist es unerlässlich, dass ein Mitarbeiter aus dem Personalbereich oder, falls dies nicht möglich sein sollte, ein Management-Kollege anwesend ist.

Für mich waren Kündigungsgespräche aus betrieblichen Gründen immer sehr betrüblich. Besonders bitter war für mich, wenn ich aus diesen Gründen eine leistungsorientierte und motivierte Person entlassen musste. Noch bitterer war, wenn es eine solche Person aufgrund anzuwendender Sozialauswahl betraf und wenn deshalb weniger verdienstvolle Mitarbeiter aus Sozialgründen weiterbeschäftigt werden sollten.

Ich empfehle, solche erforderliche Kündigungsgespräche im Laufe des frühen Nachmittags zu führen und den betreffenden Mitarbeiter danach nach Hause zu schicken, um die Kündigung zuhause und hoffentlich im Kreis seiner Familie verdauen zu können.

Manche meiner früheren Management-Kollegen haben solche Kündigungen bevorzugt an einem Freitag ausgesprochen. Ich habe ein solches Vorgehen immer zu vermeiden versucht, weil ich das anstehende Wochenende nicht für den Mitarbeiter und seine Familie zerstören wollte. In gleicher Weise habe ich Kündigungen unmittelbar vor Weihnachten bzw. Jahreswechsel oder vor Urlaubsantritten unterlassen.

Fälle, in denen ein Mitarbeiter von sich aus kündigt

Solche Gespräche haben mich zumeist traurig gemacht, vor allem wenn es sich um leistungsstarke Mitarbeiter gehandelt hat. Wenn eine Kündigung erfolgte, weil dem Mitarbeiter extern eine deutlich höherqualifizierte und damit auch höherdotierte Aufgabe angeboten wurde, so habe ich dies mit einem weinenden Auge aus Sicht des Unternehmens und gleichzeitig mit einem lachenden Auge aus Sicht meines Mitarbeiters gesehen.

Zumeist sind solche aktiven Kündigungen von Mitarbeiterseite nicht wirklich überraschend für mich gewesen, da sich potenzielle Kündigungen bereits in den Mitarbeitergesprächen angedeutet haben und da es im eigenen Unternehmen zumeist keine adäquate berufliche Herausforderung gegeben hat.

Dennoch habe ich solche Kündigungsgespräche immer noch genutzt, um einerseits die wahren Kündigungsgründe herauszufinden und um andererseits auszuloten, ob doch noch eine Möglichkeit bestehen könnte, den Mitarbeiter im Unternehmen halten zu können. In den allermeisten Fällen war dies nicht möglich, vor allem dann, wenn die kündigenden Mitarbeiter bereits neue Arbeitsverträge bei anderen Unternehmen unterschrieben hatten. Wie sagt ein anderes Sprichwort: „Reisende soll man ziehen lassen". Dennoch habe ich nichts unversucht gelassen.

In allen Kündigungsfällen, egal ob von Seiten des Unternehmens oder von Seiten des Mitarbeiters, habe ich den letzten Arbeitstag eines solchen Mitarbeiters genutzt, um mit diesem ein Vieraugen-Abschlussgespräch zu führen. Dabei habe ich nicht nur meinen Dank auch im Namen des Unternehmens ausgesprochen, sondern dem Mitarbeiter von Herzen viel Erfolg für die weitere berufliche und private Zukunft gewünscht. In den meisten Fällen habe ich in gewisser Weise Kontakt mit diesen Mitarbeitern gehalten, vor allem wenn es sich um besonders leistungsstarke und verdienstvolle Mitarbeitende gehandelt hat. In einigen Fällen haben meine Kontakte dazu geführt, dass ich solche Mitarbeiter für Unternehmen gewonnen habe, in welchen ich später als Führungskraft tätig war.

Darum empfehle ich besonders Nachwuchs-Führungskräften, einige meiner zu diesem Thema angeführten Ratschläge im Zusammenhang mit Kündigungen zu nutzen, denn das Human Capital ist vielfach das wertvollste Kapital eines Unternehmens.

Ein hoher Frauenanteil in Unternehmen bringt viele Vorteile

Ich bekenne, dass ich gegen eine gesetzlich erzwungene Frauenquote in Unternehmen bin, da es den Leistungsgedanken schmälern würde. Dennoch befürworte ich einen angemessenen und entsprechend hohen Frauenanteil auch im Management von Unternehmen.

Da Frauen heutzutage sehr gut ausgebildet werden und da Frauen großartige Leistungen in Unternehmen, in Behörden und in der Politik erbringen, ist eine angemessene Präsenz von Frauen in Führungsetagen und im Top Management zielgerichtet und wünschenswert.

So wie ich erachten sehr viele Fachleute und insbesondere weibliche Top Managerinnen eine erzwungene Frauenquote nicht als frauen-aufwertend, sondern als frauen-abwertend. Wenn eine Frau in einem Unternehmen eine Management-Position nur deshalb erhält, weil sie eben eine Frau ist, dann kann dies doch nicht als frauen-aufwertend betrachtet werden.

Qualifizierte Top-Frauen lehnen die Frauenquote ab, da sie ihre Fähigkeiten kennen und selbstbewusst und mit Überzeugung die Karriereleiter hinaufsteigen. Ich persönlich kenne einige Frauen, die unglücklich darüber sind, dass sie durch eine verordnete Frauenquote eine Führungsposition erlangt haben, da sie dies wie einen Makel betrachten.

© Der/die Autor(en), exklusiv lizenziert an Springer Fachmedien Wiesbaden GmbH, ein Teil von Springer Nature 2024
E. Minar, *Praxistipps für Nachwuchs-Führungskräfte*,
https://doi.org/10.1007/978-3-658-44030-5_35

Bei der Besetzung von Führungs-Positionen sollte immer klar nach den Leistungsprinzipien entschieden werden: die oder der Beste sollte diese Position erhalten. Alles andere wäre falsch und würde den Leistungsprinzipien widersprechen.

Ich bin überzeugt, dass sich die Frauenanteile in Führungspositionen in den deutschsprachigen Ländern auch ohne erzwungene Frauenquoten in den kommenden Jahren weiter erhöhen werden. Ich selbst hatte schon vor über dreißig Jahren bewusst eine Frau als Verkaufsleiterin in einem High-Tech-Unternehmen eingestellt. Dies hatte damals noch viele Menschen sehr verwundert. Heute ist dies durchaus üblich.

Auch wenn Sie als Nachwuchs-Führungskraft vermutlich noch nicht über die Einstellung von anderen Führungskräften entscheiden, so habe ich diesen Ratschlag dennoch in diesem Buch aufgenommen. In einigen Jahren werden Sie solche Entscheidungen treffen.

Meine Empfehlung ist, ohne erzwungene Frauenquote für einen guten und je nach Branche angemessenen Mix an weiblichen und männlichen Arbeitskräften bemüht zu sein, insbesondere wenn es sich um Neueinstellungen handelt. Im Falle von internen Führungsposten-Besetzungen sollte ohne Wenn und Aber immer nach den Leistungsprinzipien entschieden werden: Der oder die Beste sollte die neu zu besetzende Führungsposition erhalten.

Sexuelle Belästigungen am Arbeitsplatz mit allen Konsequenzen unterbinden

In einem anderen Aspekt müssen in Unternehmen, in Betrieben und in der Zivilgesellschaft Frauen mit aller Deutlichkeit geschützt werden. Dabei handelt es sich um sexuelle Belästigungen, welche bedauerlicherweise oftmals auch am Arbeitsplatz stattfinden.

Wenn man als Manager von sexuellen Belästigungen in seinem Team erfahren sollte, dann sollten diese mit allen erforderlichen Konsequenzen unverzüglich unterbunden werden. Diesbezüglich muss eine „Null-Toleranz"-Politik herrschen.

Auch ich musste diesbezüglich in meiner beruflichen Laufbahn zweimal harte Entscheidungen ohne Aufschub mit sofortiger Wirkung treffen. In einem Fall hat es eine sehr kompetente Führungskraft in meinem Verantwortungsbereich betroffen, welche bedauerlicherweise unter Alkoholeinfluss eine Mitarbeiterin sexuell belästigt hat.

Mir blieb keine andere Wahl als diesen Manager noch am gleichen Tag fristlos zu entlassen. Dies war gleichzeitig ein starkes Signal an alle anderen Mitarbeitenden, Mitarbeiterinnen nicht sexuell zu belästigen oder gar zu bedrängen. Frauen müssen sich am Arbeitsplatz vor körperlichen und verbalen sexuellen Angriffen genügend geschützt fühlen.

© Der/die Autor(en), exklusiv lizenziert an Springer Fachmedien Wiesbaden GmbH, ein Teil von Springer Nature 2024
E. Minar, *Praxistipps für Nachwuchs-Führungskräfte*,
https://doi.org/10.1007/978-3-658-44030-5_36

In diesem Zusammenhang gebe ich insbesondere Nachwuchs-Führungskräften zwei sehr deutliche Empfehlungen:

Erstens: Sie sollten in Ihren Verantwortungsbereichen in einem gleichen oder ähnlichen Maße wie eben dargestellt agieren, sollten Sie Kenntnis von sexuellen Belästigungen an Mitarbeiterinnen erlangen. Dazu darf es kein Pardon geben.

Zweitens: Sie sollten sich selbst vor Gefahren von falschen Denunzierungen schützen. Nicht alle Anschuldigungen von Frauen bzw. Mitarbeiterinnen entsprechen der Wahrheit. Ich selbst habe in meinen jungen Management-Jahren eine unliebsame Erfahrung machen müssen.

Mit bestem Willen und ohne jegliche unsittlichen Absichten habe ich einmal eine Mitarbeiterin aus meinem Team spätabends mit meinem Auto nach Hause gebracht und sie vor ihrer Haustür aussteigen lassen. Ihre Einladung zu einem Drink bei ihr habe ich abgelehnt. In den nächsten Tagen habe ich erfahren, dass diese Mitarbeiterin das Gerücht gestreut hat, dass ich sie im Auto sexuell belästigt hätte. Ihre Motivation dazu habe ich nicht erfahren, aber ich vermute, dass es ihre Enttäuschung war, dass ich ihre Einladung zu einem Drink ausgeschlagen habe.

Vor 35 Jahren war die gesellschaftliche und rechtliche Diskussion zu „Sexual Harassment" noch bei Weitem nicht so kritisch wie heute. Ich weiß nicht, ob ich heute trotz meiner Unschuld so glimpflich davongekommen wäre wie damals. Im Zweifelsfalle tendieren die Öffentlichkeit und die Justiz dazu, den Frauen Glauben zu schenken.

Darum rate ich jungen und möglicherweise noch wenig erfahrenen Führungskräften, solchen Gefahren aus dem Weg zu gehen. Ich habe aus der damaligen Erfahrung meine Lehren gezogen. Dazu kommt, dass die Gefahren desto größer werden, je höher man die Hierarchiestufen emporklettert.

Darum habe ich seither keine beruflichen Mitarbeiterinnen allein im Auto mitgenommen. Wenn ich allein im Aufzug gefahren bin und eine Mitarbeiterin dazugestoßen ist, habe ich den Aufzug umgehend verlassen. Manche Aufzüge verfügen heutzutage bereits über Video-Aufzeichnungen und verringern dadurch die Gefahren von falschen Denunzierungen. Wenngleich die Gefahren vor Denunzierungen möglicherweise gering erscheinen mögen, so rate ich Führungskräften dennoch eindringlich, solche Gefahren zu vermeiden.

In einem anderen Kapitel habe ich darüber berichtet, dass die gute Zusammenarbeit von Frauen und Männern viele positive Erfolge zeigt. Wenn Frauen und Männer gut und eng zusammenarbeiten, dann ist es nur allzu menschlich, dass sich daraus Affären entwickeln können. Insbesondere bei Weihnachts- oder anderen Unternehmensveranstaltungen mit reichlich Alkoholgenuss könnten solche Beziehungen entstehen.

Diesbezüglich sollten Führungskräfte wissen, dass sie rechtlich in sehr unangenehme Situationen geraten könnten, wenn sie Affären mit untergebenen Mitarbeitenden eingehen, selbst wenn diese sexuellen Kontakte einvernehmlich zu sein scheinen.

Kurzzeitig Aufgaben von Mitarbeitern übernehmen

Eine weitere deutliche Empfehlung meinerseits an Führungskräfte und insbesondere an Nachwuchskräfte ist, sich ergebende Gelegenheiten zu nutzen, um fallweise für kurze Zeiten Aufgaben von Mitarbeitenden zu übernehmen. Solche Gelegenheiten könnten sich bei kurzzeitigen Ausfällen ergeben wie beispielsweise bei Krankheiten oder in Urlaubszeiten von Mitarbeitern.

Die damit verbundenen Zielsetzungen sind mehrfach: die Aufgaben der eigenen Mitarbeiter können von der Führungskraft besser verstanden werden; oftmals kann eine Führungskraft mögliche Verbesserungspotenziale leichter erkennen und diese danach vorantreiben; Führungskräfte zeigen Wertschätzung für die Arbeit ihrer Mitarbeiter; in vielen Bereichen können Führungskräfte dadurch ihre Kundenorientierung verbessern und Kundennähe zeigen.

Insbesondere in vertriebsnahen Bereichen ist die kurzzeitige Übernahme von Aufgaben der Mitarbeiter durch die Führungskraft sehr ratsam, um die Kunden des Unternehmens und deren Bedürfnisse besser zu verstehen.

Als sehr junge Führungskraft im Vertrieb habe ich nahezu jede sich bietende Gelegenheit genutzt, um Aufgaben von Vertriebsmitarbeitern

© Der/die Autor(en), exklusiv lizenziert an Springer Fachmedien Wiesbaden GmbH, ein Teil von Springer Nature 2024
E. Minar, *Praxistipps für Nachwuchs-Führungskräfte*,
https://doi.org/10.1007/978-3-658-44030-5_37

zu übernehmen, weil ich meine Kundenorientierung und Kundennähe verbessern wollte. Dabei habe ich nicht nur besonders viel gelernt. Ich habe mir dadurch großen Respekt von Vertriebskollegen in meinem Team geschaffen und damit gleichzeitig die Einsatzfreude und die Leistungen im Vertrieb positiv beeinflusst.

Dies hat auch dazu geführt, dass ich meine Kundenorientierung und Kundennähe während meiner gesamten beruflichen Laufbahn beibehalten habe und dass ich neben meinen Aufgaben als Vorstandsvorsitzender oder als Geschäftsführer oder als Vorstand gleichzeitig zumeist auch der oberste Vertriebschef gewesen bin.

Im gleichen Maße ist für junge Führungskräfte neben der Übernahme von kurzzeitigen Vertretungsaufgaben im Vertrieb auch empfehlenswert, temporär Aufgaben von eigenen Mitarbeitern in anderen kundennähen Bereichen zu übernehmen. Besonders ratsam sind diesbezüglich Aufgaben im Kundendienst, im After-Sales-Bereich oder in der Verkaufsadministration.

Selbst in nicht-vertriebsnahen Bereichen ist es für alle Führungskräfte ratsam, von Zeit zu Zeit und, sei es nur für einen oder wenige Tage, Aufgaben von eigenen Mitarbeitern aus den genannten Gründen und mit den angeführten Zielsetzungen zu übernehmen.

Ein Führungsteam im eigenen Verantwortungsbereich aufbauen

Für eine Führungskraft ist es nicht nur wichtig, möglichst alle Mitarbeitenden ihres Bereichs bzw. ihrer Gruppe weiterzuentwickeln. Gleichzeitig sollte jede Führungskraft ihr eigenes Führungsteam in ihrem Bereich aufbauen, das häufig nur aus einer oder zwei Personen bestehen wird.

Dies müssen zwangsläufig nicht die dienstältesten Mitarbeiter sein, sondern solche Personen, denen die Führungskraft voll und ganz vertrauen kann und auf deren Loyalität und Einsatzbereitschaft diese zählen kann. Auf diese Personen sollte sich die Führungskraft hundertprozentig verlassen können, weil auch vertraulich geführte Gespräche vertraulich bleiben sollten. Außerdem sollte sich die Führungskraft sicher sein können, dass diese Personen die vereinbarten Bereichsziele in gleichem Maße unterstützen wie der Bereichsführende selbst.

Diese Empfehlung gilt auch für Nachwuchs-Führungskräfte, welche vermutlich anfangs noch etwas länger brauchen werden, die geeigneten Personen für das bereichsinterne Führungsteam zu bestimmen, da sie diesbezüglich ihre Erfahrungen und ein gewisses „Führungsgespür" erst entwickeln sollten. Es bestehen gewisse Gefahren besonders für Nachwuchs-Führungskräfte, allzu schnell auf die bereits erwähnten „Blender"

© Der/die Autor(en), exklusiv lizenziert an Springer Fachmedien Wiesbaden GmbH, ein Teil von Springer Nature 2024
E. Minar, *Praxistipps für Nachwuchs-Führungskräfte*,
https://doi.org/10.1007/978-3-658-44030-5_38

zu setzen, die sich in Bereichsmeetings durch aktive Wortmeldungen hervortun oder der Führungskraft allzu sehr schmeicheln.

Nachwuchs-Führungskräfte sollten sich darum diesbezüglich mehr Zeit lassen. Ich empfehle ohnedies, das interne Führungsteam um die Führungskraft nicht öffentlich zu kommunizieren, da es sonst zu internen Konflikten kommen könnte. Mit der Zeit kristallisieren sich solche Konstellationen praktisch von selbst heraus und werden in gewissem Maße sichtbar, wenn es um Stellvertretungen oder Urlaubsvertretungen geht.

Wenn die Führungskraft ihr eigenes Führungsteam für sich gefunden hat, sollte sie dieses gezielt weiter fördern, etwa durch fachliche bzw. Führungs-Schulungen oder durch spezielle projektbezogene Aufgaben oder durch die Zurverfügungstellung dieser Mitarbeiter für bereichsübergreifende Projektteams.

So empfehle ich jeder Führungskraft, sich Überlegungen betreffend ihren möglichen Nachfolger zu machen und dies auch mit ihrem eigenen Vorgesetzten von Zeit zu Zeit zu besprechen, um entsprechende Fördermaßnahmen für eine solche Person vereinbaren zu können.

Es ist nahezu immer vorteilhaft, nach einer gewissen Zeit – dies könnten ein bis zwei Jahre nach Übernahme einer Führungsaufgabe sein – einen potenziellen Nachfolger zu definieren. Dies könnte auch hilfreich sein, nach einigen Jahren in einer Führungsaufgabe selbst einen höheren Verantwortungsbereich übertragen zu bekommen.

Ich habe ein Beispiel eines Management-Kollegen erlebt, der sich selbst nahezu unentbehrlich in seiner fachlichen Führungsaufgabe gemacht hat, aber gleichzeitig keinen möglichen Nachfolger in seinem Bereich entwickelt hat. Ich bin überzeugt, dass er eine höhere Funktion im damaligen Unternehmen vor allem deshalb nicht erlangt hat, weil er keinen geeigneten Nachfolger in seinem fachlich anspruchsvollen Bereich gefunden und entsprechend entwickelt hat.

Manche frühere Management-Kollegen haben mir vertraulich gestanden, dass sie bewusst keinen potenziellen Nachfolger definieren und fördern aus Angst, von diesem möglicherweise verdrängt zu werden. Dies ist allerdings aus meiner Sicht ein gewaltiger Fehler, denn es zeigt Führungsschwäche. Wenn eine Führungskraft Angst hat, von einem eigenen Mitarbeiter verdrängt zu werden, dann zeugt dies von mangelndem

Selbstbewusstsein oder der Erkenntnis, nicht gut genug für die aktuelle Führungsposition zu sein.

Eine Führungskraft sollte allerdings auch erkennen, wenn sich in ihrem Mitarbeiter-Team „Unruhestifter" befinden, also Personen, welche die vereinbarten Bereichsziele nicht unterstützen, welche möglicherweise allzu sehr am „Stuhl des Vorgesetzten sägen" oder welche sich öffentlich gegen die Führungskraft und dessen Fähigkeiten aussprechen. Auf solche Fälle werden auch Nachwuchs-Führungskräfte stoßen.

In diesen Fällen empfehle ich, wie bereits kurz erwähnt, ein persönliches Gespräch mit solchen Mitarbeitenden zu führen und diesen deutlich zu verstehen geben, dass Sie solches Verhalten nicht tolerieren. Sollten sich keine Besserungen und positiv verändertes Verhalten einstellen, dann rate ich zunächst ein gemeinsames Gespräch zu dritt mit dem zuständigen Personalleiter oder mit dem eigenen Vorgesetzten zu führen.

Tritt auch danach keine Änderung ein, dann bleiben nur die Optionen, solche Mitarbeitende in andere Unternehmensbereiche zu versetzen oder eine Trennung vorzunehmen. Diesbezüglich kann sogar „wegloben" eine für alle Seiten zweckmäßige Alternative sein.

Ich selbst habe solche Unruhestifter in meinen Bereichen gelegentlich weggelobt, die sich in neuen Aufgabengebieten danach sehr gut entwickelt haben, weil sie sich in diesen neuen Arbeitsbereichen offensichtlich wohler gefühlt und bessere Leistungen erbracht haben.

Ich bin zuversichtlich, dass Sie meine Empfehlung, ehestmöglich Ihr eigenes internes Führungsteam zu entwickeln und einen möglichen Nachfolger zielgerichtet aufzubauen, verstanden haben. Dies ist eine sensible, aber aus meiner Erfahrung sehr wichtige Führungsaufgabe.

Effektive Anwerbungsgespräche für potenziell eigene Mitarbeiter führen

Human Capital zählt zu den wichtigsten Werten jedes Unternehmens. Darum gehört auch das Gewinnen neuer geeigneter und motivierter Mitarbeiter zu den wesentlichen Aufgaben jeder Führungskraft. Aus meiner beruflichen Erfahrung habe ich feststellen müssen, dass gerade diesbezüglich viele Management-Fehler gemacht werden. Dazu kommt, dass diese Aufgabe gegenwärtig immer wichtiger wird, da aufgrund des demografischen Wandels der Mangel an Fachkräften immer größer wird und dadurch die Herausforderungen, neue Mitarbeiter zu akquirieren, immer anspruchsvoller werden.

Darum empfehle ich, dem Anwerben von neuen qualifizierten Mitarbeitern besonders hohes Augenmerk zu schenken. Ich habe viele Management-Kollegen erlebt, welche diese Aufgaben allzu salopp bewältigen wollten, weil sie meinten, dass man neue Mitarbeiter doch recht zügig in der Probezeit wieder entlassen könnte. Eine solche Einstellung ist nicht nur dem eigenen Unternehmen und dem eigenen Bereich gegenüber nachteilig, sie ist auch unfair gegenüber den potenziellen neuen Mitarbeitenden. Eine erforderliche Kündigung in der Probezeit bedeutet in der Regel einen Zeitverlust von mindestens einem halben Jahr.

© Der/die Autor(en), exklusiv lizenziert an Springer Fachmedien Wiesbaden GmbH, ein Teil von Springer Nature 2024
E. Minar, *Praxistipps für Nachwuchs-Führungskräfte*,
https://doi.org/10.1007/978-3-658-44030-5_39

Die Einstellung eines neuen Mitarbeiters kann aus verschiedenen Gründen erforderlich sein. Besonders erfreulich wäre dies, wenn Geschäftszuwächse dies notwendig machen könnten. Manchmal sind Neubesetzungen erforderlich, wenn Kündigungen stattgefunden haben oder wenn ein Mitarbeitender das Renteneintrittsalter erreicht hat.

Neue Mitarbeiter könnten intern aus anderen Unternehmensbereichen akquiriert werden oder externe Stellenausschreibungen erforderlich machen. Interne Besetzungen sind zumeist mit wenig Problemen für die jeweilige Führungskraft behaftet. Zumeist genügt ein erstes vorab geführtes Gespräch zwischen der Führungskraft und dem neuen intern wechselnden Mitarbeiter, um gegenseitiges Vertrauen aufzubauen und um die Ziele des neuen Aufgabenbereichs darzustellen. Dennoch ist auch diesbezüglich ein effizienter und gut ausgearbeiteter Einarbeitungsplan zu erstellen, um eine bestmögliche und rasche Integration in den neuen Aufgabenbereich sicherzustellen.

Wie vermutlich den meisten von Ihnen bereits bekannt ist, erweist sich das externe Einstellen von neuen Mitarbeitenden als wesentlich anspruchsvoller, da infolge des steigenden Fachkräftemangels potenzielle Bewerber oftmals unter mehreren Job-Angeboten wählen können. Darum stellen immer mehr Job-Suchende größere Anforderungen an Unternehmen und dies insbesondere in Bezug auf die vom Bewerber gewünschte Work-Life-Balance.

Zumeist können Führungskräfte betreffend erforderliche Personaleinstellungen auf die tatkräftige Unterstützung von Personalabteilungen zählen. In kleinen Betrieben oder in Start-up-Unternehmen sind Führungskräfte oftmals auf sich selbst angewiesen oder bedienen sich externer Personalberater oder Headhunter.

Besondere Bedeutung haben bei externen Neuausschreibungen präzise Stellen-Beschreibungen mit Darstellungen der wesentlichen Ziele und der fachlichen Anforderungen des jeweiligen Aufgabenbereichs. Darin werden zumeist auch die erforderlichen Ausbildungen angeführt. Heutzutage erfolgen Stellen-Ausschreibungen zumeist über geeignete Online-Plattformen. Je höher die Hierarchiestufe für eine zu besetzende Stelle ist, desto häufiger werden externe Headhunter herangezogen.

In meinen jungen Jahren als Führungskraft hatte ich mit der aktiven Unterstützung des jeweiligen Personal-Managers oftmals aus weit über hundert Bewerbungen die potenziell geeigneten Kandidaten für ein erstes Bewerbungsgespräch auszuwählen. Auch wenn sich heutzutage zumeist deutlich weniger Stellenbewerber melden, so ist dennoch häufig eine Vorauswahl vorzunehmen, um die potenziell bestgeeigneten Kandidaten zu einem ersten Gespräch einzuladen.

Wenn es dennoch sehr viele Bewerber geben sollte, so könnte die Personalabteilung entweder über erste telefonische oder Video-Gespräche eine Vorauswahl treffen. Zumeist führen dann Führungskräfte gemeinsam mit einem Kollegen aus dem Personalbereich ein erstes Bewerbungsgespräch mit drei bis fünf potenziell gut geeigneten Stellenbewerbern. Danach wird die Anzahl häufig auf zwei bis drei Kandidaten für ein zweites Gespräch reduziert.

Wenn sich die Führungskraft gemeinsam mit dem Personalbereich für einen Kandidaten entschieden hat, empfehle ich vor der finalen Vertragsunterzeichnung, dass die Führungskraft einerseits ihrem Vorgesetzten diesen Kandidaten und andererseits einem oder zwei Mitarbeitenden aus ihrem Team präsentiert, um sicherzustellen, dass die Integration des neuen einzustellenden Mitarbeiters allseits unterstützt wird. Wenn Mitarbeiter bei der Anstellung eines neuen Kollegen bzw. einer neuen Kollegin mit involviert werden, dann werden sie diese bei deren Einarbeitung auch entsprechend besser unterstützen.

Der Einstellungsprozess sollte insgesamt nicht allzu lange dauern, da sich beim heutigen Fachkräftemangel potenzielle neue Mitarbeiter für einen anderen Arbeitgeber entscheiden könnten. Kein überhastetes, aber dennoch zügiges Vorgehen bei Neueinstellungen ist deshalb ratsam.

Um einen neuen Mitarbeitenden möglichst effektiv und rasch in dessen Aufgabengebiet zu integrieren, ist ein guter zielgerichteter Einarbeitungsplan sehr zu empfehlen. Dieser sollte schon während des Einstellungsprozesses vorliegen, da viele potenzielle Bewerber in ihren Einstellungsgesprächen danach fragen.

An den ersten Arbeitstagen eines neuen Mitarbeiters sollte die Führungskraft die Willkommenskultur ihres Bereiches unter Beweis stellen, indem diese den neuen Mitarbeiter ihrem Team möglichst persönlich vorstellt.

Auch zu dieser wichtigen Führungsaufgabe gibt es nicht nur Seminarangebote, sondern ebenfalls empfehlenswerte Literatur wie beispielsweise „Einstellungsgespräche erfolgreich führen" [11] oder „Jobinterviews professionell führen" [23].

Teil V

Das persönliche Verhalten als Mensch

Sich nicht selbst in den Mittelpunkt stellen

Ich habe in meiner beruflichen Karriere häufig Management-Kollegen und selbst Nachwuchs-Führungskräfte kennengelernt, die sich selbst immer für besonders wichtig gehalten haben und welche die Teamleistungen in erster Linie auf ihre eigenen Führungsqualitäten bezogen haben. Wenn sich bei diesen Führungskräften Fehlentwicklungen gezeigt haben, dann waren zumeist die anderen schuld, während bei guten Teamergebnissen das eigene Können herausgestrichen wurde.

Häufig nutzen solche Führungskräfte und selbst solche Nachwuchs-Führungskräfte sehr gute eigene Teamergebnisse, um diese gezielt bei übergeordneten Führungsinstanzen zu platzieren und zu versuchen, damit gelegentlich indirekt an den Stühlen der eigenen Vorgesetzten zu sägen.

Mit einem solchen Verhalten verschafft man sich nach meiner Erfahrung zumeist nur böses Blut und sogar Feindseligkeiten. Häufig kann dies dazu führen, dass mögliche Zielverfehlungen dieser so handelnden Personen danach besonders kritisch beurteilt werden. Darum sollte dies möglichst unterbleiben.

Auch ich habe in meiner Karriere einige Team-Mitglieder erlebt, die zumeist versteckt an meinem Vorgesetzten-Stuhl zu sägen versucht haben,

E. Minar, *Praxistipps für Nachwuchs-Führungskräfte*, https://doi.org/10.1007/978-3-658-44030-5_40

indem sie bei meinem Vorgesetzten für sich geworben haben. Darum sollten Nachwuchs-Führungskräfte wissen, dass erfahrene Top Manager solches Verhalten erkennen und zumeist allergisch darauf reagieren. In praktisch allen mir bekannt gewordenen Fällen haben mich meine Vorgesetzten informiert, wenn eigene Mitarbeiter hinter meinem Rücken gegen mich vorgegangen sind, um möglicherweise meine Position übertragen zu erhalten.

In diesen mir bekannt gewordenen Fällen habe ich danach mit solchen Team-Mitgliedern ein sehr vertrauliches Gespräch geführt. Zumeist hat es genügt aufzuzeigen, dass der beste Weg, meinen Verantwortungsbereich zu übernehmen, jener ist, die Ziele unseres gemeinsamen Bereiches nicht nur zu erreichen, sondern sogar zu übertreffen. Dadurch könnte ich einen anderen oder sogar höheren Verantwortungsbereich übernehmen, wodurch mein Platz anderweitig besetzt werden könnte.

Mit diesem Ratschlag möchte ich Nachwuchs-Führungskräften empfehlen, nicht sich selbst in den Mittelpunkt zu stellen, sondern das Unternehmen oder das Erreichen der Ziele der Bereiche, denen sie selbst angehören. Auf lange Sicht werden solche Vorgehensweisen von Unternehmensleitungen deutlich mehr gewürdigt, als sich zu deutlich in den Mittelpunkt zu stellen.

Dennoch bedeutet dies nicht, von Zeit zu Zeit nicht doch auf die eigenen beruflichen Ziele hinzuweisen. Am besten und erfolgreichsten ist es, wenn dies im Rahmen der jährlichen oder halbjährlichen Mitarbeitergespräche mit dem eigenen Vorgesetzten erfolgt. Ebenso empfehle ich, sich bei den Gelegenheiten von projektbezogenen Aufgaben besonders anzustrengen und hervorragende Leistungen zu zeigen. Wenn exzellente Leistungen nicht nur vom eigenen Vorgesetzten sehr positiv beurteilt werden, sondern möglicherweise von anderen Managern, dann zeigt dies oftmals bei höheren Management-Instanzen besondere Wirkung.

Sich nicht unersetzbar machen

Dieser Ratschlag wurde von mir bereits ansatzweise genannt, soll aber dennoch ausführlicher beschrieben werden, da gerade Führungs-Nachwuchskräfte oftmals diesen Fehler machen, weil sie meinen, sich unersetzbar machen zu müssen.

Auch ich habe in meinen ersten Jahren als Führungskraft diesbezüglich falsch gehandelt. Ich habe möglichst wenig delegiert, weil ich einerseits glaubte, alles besser machen zu können, und weil ich sicher sein wollte, unbedingt gebraucht zu werden.

Die Berufserfahrungen haben mich gelehrt, dass kein Mensch unersetzbar ist. Jeder Mensch ist in gewisser Weise ersetzbar mit Ausnahme der eigenen Mutter. Die Ersetzbarkeit gilt insbesondere in beruflichen Bereichen.

Es mag gewisse marginale Spezialaufgaben mit besonders hoher Fachkompetenz geben, bei denen ein einzelner Mitarbeiter kaum ersetzt werden kann. Auch bei solchen Gegebenheiten sollten Unternehmen Notfall-Pläne an der Hand haben, um durch externe Lösungen oder durch mehrere Personen solche Ausfälle von besonderer Fachkompetenz kurzfristig kompensieren zu können.

E. Minar, *Praxistipps für Nachwuchs-Führungskräfte*, https://doi.org/10.1007/978-3-658-44030-5_41

Da jedem Lesenden diese Erkenntnisse klar sein sollten, kann jedem nur geraten werden, sich nicht unersetzbar machen zu wollen, da dies ohnedies nicht gelingen wird. Darum ist es für jede Führungskraft besser, möglichst frühzeitig einen Stellvertreter zu benennen und diesen informiert und ausgebildet zu halten, sollte es zu einem kurzfristigen Ausfall aus welchen Gründen auch immer kommen.

Im gleichen Sinne sollte eine Führungskraft nach einer gewissen Zeit und in Abstimmung mit ihrem Vorgesetzten einen potenziellen Nachfolger für ihre eigene Position definieren und entsprechend weiterentwickeln.

Feedback über sich selbst einholen

Von Führungskräften wird erwartet, dass sie Feedback an ihre Mitarbeiter über deren Performance und Entwicklung geben. Dies steht im Pflichtenheft jeder Führungskraft.

Ich erachte es ebenfalls als sehr wichtig, dass Führungskräfte regelmäßig Feedback über sich selbst einholen. Dies empfehle ich besonders Nachwuchs-Führungskräften. Es liegt in der Natur der Sache, dass ein solches Feedback von Seiten der jeweiligen Vorgesetzten der Führungskräfte kommen sollte.

Als wesentlich aussagestärker und bedeutsamer erachte ich allerdings das Feedback von den eigenen, von der Führungskraft geführten Mitarbeitern, welches zumeist authentischer ist als jenes durch den Vorgesetzten.

Für mich gehörte das Einholen eines solchen Feedbacks von eigenen Mitarbeitern zum wesentlichen Bestandteil eines jeden Mitarbeitergesprächs. Daraus konnte ich besonders viel lernen. Bedingung ist natürlich, solches Feedback von Seiten der Mitarbeiter auch offen anzunehmen und das eigene Verhalten bei Bedarf anzupassen.

Diesbezüglich empfehle ich Ihnen mit aller Deutlichkeit, nicht gegen geäußerte konstruktive Kritikpunkte von Seiten der Mitarbeiter zu argu-

© Der/die Autor(en), exklusiv lizenziert an Springer Fachmedien Wiesbaden GmbH, **135**
ein Teil von Springer Nature 2024
E. Minar, *Praxistipps für Nachwuchs-Führungskräfte*,
https://doi.org/10.1007/978-3-658-44030-5_42

mentieren, sondern aufmerksam zuzuhören und deren Anregungen aufzunehmen und später für sich selbst zu reflektieren.

Es ist durchaus legitim, bei konstruktiven Kritikpunkten zu antworten, dass Sie anders sein möchten als vom Mitarbeiter empfunden wird. Es ist kein Zeichen von Schwäche, geäußerte Kritikpunkte entgegenzunehmen. Ein Zeichen von Schwäche wäre allerdings, geäußerte kritische Anmerkungen völlig zu negieren.

Deshalb empfehle ich, einerseits Feedback von den eigenen Mitarbeitern einzuholen, egal ob im Rahmen eines Mitarbeitergesprächs oder bei einer anderen geeigneten Gelegenheit. Andererseits rate ich, offen zu sein für geäußerte Kritikpunkte seitens der eigenen Mitarbeiter, da es Ihnen zeigt, wie diese Ihr Verhalten beurteilen.

Bedanken Sie sich für erhaltenes Feedback und zeigen Sie, dass Sie konstruktive Kritik ernstnehmen. Ich selbst habe für mich aus dem Feedback von meinen Mitarbeitern und insbesondere aus deren geäußerten konstruktiven Kritikpunkten sehr viel gelernt. Dabei ist mir, bildlich gesprochen, niemals „ein Zacken aus der Krone gefallen".

Sich selbst täglich Feedback geben

Schon vor einigen Jahrzehnten hatte ich begonnen, mir täglich abends Feedback zu meinen eigenen Tagesergebnissen zu geben. Ich bin mir recht sicher, dass manche Lesende ebenfalls in ähnlicher Weise vorgehen. Falls Sie nicht dazugehören sollten, so empfehle ich Ihnen, diesen Ratschlag für sich selbst zu testen und bei Erfolg beharrlich anzuwenden.

Ich habe jeden Morgen für mich die drei bis fünf wichtigsten Tagesziele definiert. Dies waren zumeist berufliche Aktivitäten, wie besonders wichtige Gespräche, Präsentationen oder Meetings. Gelegentlich und vor allem an Wochenenden haben sich darunter auch Ziele für private Aktivitäten befunden.

Zumeist habe ich für mich diese wichtigen Tagesziele unter der Morgendusche oder am Weg zum Arbeitsplatz definiert. Manchmal habe ich diese schon am Vorabend für den kommenden Tag überlegt und diese allenfalls am Morgen nochmals angepasst. Da ich als „Early Bird" zumeist schon sehr früh am Arbeitsplatz eingetroffen bin, habe ich immer die Zeit gehabt, diese aus meiner Sicht wichtigsten Ziele und Aktivitäten des Tages in wenigen Worten schriftlich festzuhalten. Der Zeitbedarf für die Festlegung der wesentlichen Tagesziele lag bei mir bei fünf bis zehn Minuten.

© Der/die Autor(en), exklusiv lizenziert an Springer Fachmedien Wiesbaden GmbH, ein Teil von Springer Nature 2024
E. Minar, *Praxistipps für Nachwuchs-Führungskräfte*,
https://doi.org/10.1007/978-3-658-44030-5_43

Spätabends und oftmals erst beim Zubettgehen habe ich dann das Erreichte in Bezug auf diese von mir definierten Ziele reflektiert und dabei für mich gedanklich festgehalten, was ich aus meiner Sicht gut gemacht habe und was nicht. Da ich selbst mein eigener größter Kritiker bin, hatten in meinen Gedanken jene Ziele bzw. Aktivitäten größtes Gewicht, die nicht oder nur teilweise erreicht wurden: Was hätte ich besser machen können bzw. sollen? Was kann ich daraus lernen? Was und wie will ich künftig bei ähnlichen Zielsetzungen und Aktivitäten besser machen?

Oftmals habe ich mir dann nach meinem eigenen Feedback einige Notizen gemacht und diese Notizen gesammelt, um diese später bei Gelegenheit nochmals zu reflektieren. Der Zeitbedarf für das eigene Feedback lag bei mir bei zehn bis maximal fünfzehn Minuten. Erst danach konnte ich in Ruhe einschlafen. Versuchen Sie sich, in welcher Form auch immer, selbst Feedback zu geben. Es wird sich lohnen.

Ständige Weiterbildung

Diese Empfehlung der ständigen Weiterbildung sollte eigentlich eine Selbstverständlichkeit sein. Dennoch habe ich häufig festgestellt, dass diesbezüglich viele Management-Fehler gemacht werden.

Meist spielen dabei drei Faktoren eine Rolle: die benötigte Zeit, die erforderlichen Kosten und eine gewisse Selbstüberschätzung des eigenen Wissens. Darum kann auch in diesem Buch die erforderliche ständige Weiterbildung und das lebenslange Lernen für jede Führungskraft nicht genügend unterstrichen werden.

Die erforderliche Weiterbildung betrifft einerseits das eigene Team und jeden einzelnen Mitarbeiter und andererseits die eigene Person. Ich habe bereits im Ratschlag betreffend Mitarbeitergespräche empfohlen, die Bedürfnisse nach Weiterbildung in jedem Mitarbeitergespräch zu artikulieren und bei Bedarf konkrete Maßnahmen mit dem Mitarbeiter zu besprechen.

Manchmal kann eine gemeinsame Weiterbildung für das gesamte Team ratsam sein, sei es über einen Vortrag einer externen Fachperson im Rahmen eines Bereichsmeetings oder mittels eines gemeinsamen Seminar-Besuchs.

© Der/die Autor(en), exklusiv lizenziert an Springer Fachmedien Wiesbaden GmbH, ein Teil von Springer Nature 2024
E. Minar, *Praxistipps für Nachwuchs-Führungskräfte*,
https://doi.org/10.1007/978-3-658-44030-5_44

In gleicher Weise sollten die Bedürfnisse jeder Führungsperson in den Gesprächen mit deren Vorgesetzten angesprochen werden. Manchmal könnten dies fachspezifische Themen sein, oftmals sind dies Führungs- und Management-Themen. Ich hatte das Glück in meinen Zeiten bei großen internationalen Konzernen an einigen internationalen Wochen-Seminaren und -Lehrgängen teilzunehmen.

Die ständige Weiterbildung von Führungskräften kann neben externen und internen Seminaren auch über das Studium von Fachmedien und Fachliteratur erfolgen. Weiterbildung kann in den heutigen Zeiten auch über Soziale Medien geschehen, wobei ich diesbezüglich rate, die Informationen in diesen Medien kritisch zu betrachten und zu hinterfragen, da diese leider oftmals auf Fake News aufbauen.

In Bezug auf neue technologische Entwicklungen empfehle ich Reverse Mentoring zu nutzen, wie ich noch ausführlich beschreiben werde, und sofern dies im eigenen Unternehmen möglich sein sollte. Alternativ könnte eine solche Weiterbildung betreffend neue technologische Trends mittels externer qualifizierter Coaches oder mittels Reverse Coaching erfolgen.

Lernen von Kollegen

Die Notwendigkeit der ständigen Weiterbildung und des lebenslangen Lernens sollte eine Selbstverständlichkeit sein. Dies betrifft nicht nur Weiterbildungs-Maßnahmen über externe Seminare oder über Fachliteratur, sondern insbesondere das Lernen im Job und an den beruflichen Herausforderungen.

In diesem Zusammenhang empfehle ich Nachwuchskräften, besonders viel von eigenen Kollegen, von ihren Vorgesetzten und auch von eigenen Mitarbeitern zu lernen.

Im Tagesgeschäft, aus Präsentationen, aus Team-Besprechungen und aus dem Verhalten lassen sich viele Lernerfahrungen gewinnen, sei es, indem man vorbildliches Verhalten nachahmen möchte oder negativ empfundenes Verhalten vermeiden möchte.

Besonders von gleichrangigen Kollegen, deren Wissen und deren Verhaltensweisen habe ich viel erfahren und lernen können. Manche meiner Kollegen waren exzellente Präsentatoren mit perfekt vorbereiteten Präsentationen. Andere Kollegen haben mir gezeigt, wie erfolgreich sehr gute Kommunikation und Motivation sein können. Auch von diesen habe ich versucht, für mich möglichst viel abzuschauen und abzugewinnen.

© Der/die Autor(en), exklusiv lizenziert an Springer Fachmedien Wiesbaden GmbH, **141** ein Teil von Springer Nature 2024
E. Minar, *Praxistipps für Nachwuchs-Führungskräfte*,
https://doi.org/10.1007/978-3-658-44030-5_45

Auf gleichrangiger Ebene lässt sich mit Führungskräften oftmals sehr gut zu Führungsfragen kommunizieren. Von etwas mehr erfahrenen Management-Kollegen lassen sich häufig viele gute Führungstipps gewinnen. Solche Möglichkeiten mit gleichrangigen Kollegen habe ich versucht, mir nicht entgehen zu lassen.

Darum empfehle ich Nachwuchs-Führungskräften, gerade aus dem Potenzial von gleichrangigen Kollegen und besser von den besonders erfahrenen unter ihnen, viel an Wissen und Erfahrungen zu gewinnen und dies bei sich anzuwenden. Dies gilt auch für das Lernen von den eigenen Vorgesetzten. Allerdings sind diesbezüglich die Gelegenheiten zumeist geringer, da man als Führungskraft oftmals nicht täglich Kontakte zu seinem unmittelbaren Vorgesetzten hat.

Dennoch habe ich immer versucht, von meinen Vorgesetzten zu lernen, vorbildliches und nachahmenswertes Verhalten zu übernehmen und im Gegensatz wenig vorbildliches und eher abschreckendes Verhalten für mich selbst zu vermeiden.

Nicht zu unterschätzen ist das Lernen von eigenen Mitarbeitern. Dies kann einerseits fachliche Fragen betreffen, andererseits auch im besonderen Maße neue Technologien wie die Digitalisierung, Künstliche Intelligenz oder soziale Medien.

Ich denke, dass die Empfehlungen aus diesem Kapitel für jede Führungskraft eigentlich selbstredend sind bzw. zumindest sein sollten.

Nutzen von Reverse Mentoring

In den letzten Jahren nutzen immer mehr Unternehmen die Möglichkeit des Reverse Mentorings bzw. Reverse Coachings, vor allem wenn es sich um neueste digitale Technologien handelt. Dabei lässt sich eine Führungskraft von jüngeren Mitarbeitern, welche den Generationen der sogenannten „Digital Natives" angehören, aus einer unteren Führungsstufe zu den Themen der neuesten digitalen Technologien beraten. Dazu zählen vor allem Angehörige der Generation Y und der Generation Z.

Beim Reverse Mentoring spielt weder der Status im Unternehmen noch das Alter eine Rolle. Es wird Wissen auf Augenhöhe vermittelt. Diese Lernstruktur hat sich in kleinen, zumeist als Paar zusammengestellten Teams bewährt. Durch das Mentoring „unter vier Augen" entsteht zumeist eine gute Lernpartnerschaft, die auf gegenseitigem Vertrauen aufbaut.

Grundvoraussetzungen für erfolgreiches betriebsinternes Reverse Mentoring bzw. externes Reverse Coaching sind, dass es auf Freiwilligkeit beruht, dass sich Mentor und Mentee mit Sympathie begegnen und menschlich zusammenpassen. Im Idealfall arbeiten die Mentoren, zumeist Digital Natives, und die Mentees in unterschiedlichen Positionen. Wer ohne Konkurrenzdenken oder hierarchische Abhängigkeiten agiert,

E. Minar, *Praxistipps für Nachwuchs-Führungskräfte*, https://doi.org/10.1007/978-3-658-44030-5_46

kann ungezwungener voneinander lernen und ist offener für das vermittelte Wissen anderer [7].

Reverse Mentoring ermöglicht es jungen Mitarbeitern, nützliche Netzwerke aufzubauen und sich ein gewisses Standing im Unternehmen zu erarbeiten. Während sich die älteren Mentees Wissen zu digitalen und sozialen Medien aneignen, geben diese oftmals wertvolle Management-Erfahrungen an die jüngeren Mentoren weiter. Häufig trägt Reverse Mentoring dazu bei, dass „Alteingesessene" ihre gewohnten Denk- und Arbeitsmuster hinterfragen. Bei den jüngeren Generationen kann das Schulungskonzept des Reverse Mentorings zu mehr Respekt und Verständnis für die älteren Generationen führen, welche ihre Arbeit über viele Jahre ohne digitale Hilfsmittel gemeistert haben [7].

Zumeist wird in Unternehmen das Reverse Mentoring in Zweier-Beziehungen praktiziert. Um mögliche Konfliktsituationen zu vermeiden, versuchen manche Unternehmen, derartiges Reverse Mentoring über eine Zusammenstellung einer Führungskraft mit einem jüngeren Mentor aus einer anderen Unternehmensgruppe zu bewerkstelligen.

Auch wenn zu den Zeiten meiner beruflichen Laufbahn Reverse Mentoring kaum verbreitet war, so habe ich ein solches Lernverhalten meinerseits bereits in Ansätzen angewandt und davon ungemein profitiert. Darum empfehle ich insbesondere jungen Nachwuchs-Führungskräften, Reverse Mentoring in ihrem Unternehmen zu forcieren und voranzutreiben.

Ratsam wäre beispielsweise, sich selbst als Mentor für Vertreter des Top Managements anzubieten, da Sie sich einerseits dadurch profilieren und exzellente Kontakte aufbauen könnten und andererseits von deren Management-Erfahrungen profitieren könnten. Dies wäre eine klassische „Win-win-Situation".

Kundennähe anstreben

Diese Empfehlung gilt für jede Führungskraft und in besonderem Maße auch für Nachwuchs-Führungskräfte. Unternehmen beziehen ihre Einnahmen von ihren Kunden und können deshalb existieren und sich weiterentwickeln.

Für Führungskräfte im Vertrieb und in vertriebsnahen Bereichen sind solche Erkenntnisse selbstverständlich. Dennoch sollten ebenso alle Führungskräfte anderer Unternehmensbereiche gewisse Kunden-Erfahrungen sammeln.

Solche Erkenntnisse über Kundenbedürfnisse lassen sich für Führungskräfte von nicht vertriebsnahen Bereichen durch Besuche bei Kunden mit Vertriebsmitarbeitern oder durch gelegentliche Besuche im internen Verkauf, in der Verkaufsadministration oder im Kundendienst und in Call Centern oder in After-Sales Bereichen gewinnen.

Dabei können Führungskräfte aus nicht vertriebsnahen Bereichen aus erster Hand Kundenbedürfnisse erfahren und verstehen und mögliche Schwachstellen in Bezug auf Kundenbearbeitung in ihren eigenen Bereichen feststellen.

Für Führungskräfte sind solche Erkenntnisse und Erfahrungen in Bezug auf Kundenbedürfnisse und Kundenwünsche in zweifacher Hin-

E. Minar, *Praxistipps für Nachwuchs-Führungskräfte*, https://doi.org/10.1007/978-3-658-44030-5_47

sicht sehr wünschenswert und sogar erforderlich: zum einen für sich als Führungskraft selbst und zum anderen für ihre eigenen Mitarbeiter und für mögliche oder sogar erforderliche Weiterbildungen in ihren Unternehmensbereichen.

Solche kundenorientierten Weiterbildungen und Ausrichtungen können entscheidende Wettbewerbsvorteile bringen. Vertriebsleute wissen, dass neben den angebotenen Produkten und Dienstleistungen auch die Kundenberatung und der Kundenservice entscheidende Kauffaktoren sein können.

Glücklicherweise habe ich mich selbst nach meinem Wirtschaftsstudium sehr rasch in Richtung Vertrieb und Marketing entwickelt, wodurch ich während meiner gesamten beruflichen Karriere ein besonderes Verständnis für Kundenbedürfnisse entwickelt habe, sowohl für den Endkonsumenten als auch für den Handel zum Endverbraucher.

Ich hatte einige Management-Kollegen in nicht-vertriebsnahen Bereichen, die sich bewusst gegen eine Karriere im Vertrieb entschieden haben und die auch bewusst den direkten Kontakt zu Kunden vermieden haben. Erfreulicherweise ist es mir oftmals gelungen solche Kollegen zu überzeugen, mit mir wichtige Kunden zu besuchen, um deren Bedürfnisse besser kennenzulernen. Dies hat den meisten Kollegen auch sehr geholfen.

Kundenorientierung fördern

Auch dieser Ratschlag ist vermutlich für alle Leser und Leserinnen selbstverständlich. Kundenorientierung heißt, die Bedürfnisse der Kunden zu kennen und zu verstehen und dies in Einklang zu bringen mit den vom Unternehmen angebotenen Produkten oder Dienstleistungen.

Oftmals wird von Vertriebsleuten verstanden, dass jedem Wunsch des Kunden nach Preisnachlässen, Rabatten oder Boni nachgegeben werden sollte. So weit sollte Kundenorientierung nicht gehen. Vielmehr sollten die eigenen Produkte und Dienstleistungen derart überzeugend dargestellt werden, dass sie zum besten Nutzen des Kunden dienen. Bei vorliegenden USPs (Unique Selling Propositions) sollten diese Alleinstellungsmerkmale mit besonderer Relevanz für den Kunden ausgelobt werden. Damit könnten Preis- und Rabatt-Diskussionen geringgehalten werden.

Besondere Relevanz in Bezug auf Kundenorientierung haben die angebotenen Pre-Sales- und After-Sales-Leistungen. Dazu gehören die einfache und rasche Erreichbarkeit der erforderlichen internen oder externen Vertriebsmitarbeiter, rasche und aussagekräftige Angebots-Erstellungen, transparente Preisgestaltungen, termingerechte Produktanlieferungen

© Der/die Autor(en), exklusiv lizenziert an Springer Fachmedien Wiesbaden GmbH, **147**
ein Teil von Springer Nature 2024
E. Minar, *Praxistipps für Nachwuchs-Führungskräfte*,
https://doi.org/10.1007/978-3-658-44030-5_48

bzw. Service-Leistungen, bei Bedarf guter Ersatzteil-Service und allenfalls eine gewisse, allerdings nicht übertriebene Kulanz in Service-Fragen.

Darum ist es bzw. sollte es die Aufgabe jeder Unternehmensleitung sein, für eine angemessene Kundenorientierung im gesamten Unternehmen zu sorgen. Wie ich bereits ausgeführt habe, hatte ich das Glück – vermutlich auch, weil ich danach gestrebt habe – schon in sehr jungen Jahren Vertriebsteams zu führen und selbst direkte Account Management-Erfahrungen zu sammeln. Darum ist mir ein gesundes Maß an Kundenorientierung „in Fleisch und Blut" übergegangen.

Gleichzeitig habe ich immer versucht, Management-Kollegen aus nicht vertriebsnahen Bereichen zu überzeugen, gelegentlich Kundenbesuche mit mir oder mit einem Vertriebsmitarbeiter zu machen, um die Bedürfnisse der Kunden besser zu verstehen und diese an ihre Mitarbeiter weiterzugeben und dadurch die Kundenorientierung im Unternehmen zu fördern.

In einem Unternehmen ist es mir sogar gelungen, dass jede Führungskraft eine Patenschaft für jeweils einen wichtigen Kunden übernommen hat und bei diesem Kunden den zuständigen Account Manager tatkräftig unterstützt hat. Dies hat insgesamt zu einer deutlich stärkeren Kundenorientierung im Unternehmen geführt.

Darum empfehle ich allen Nachwuchs-Führungskräften, sich mit den Bedürfnissen von Kunden zu beschäftigen und dadurch eine gewisse Kundenorientierung aufzubauen und diese zu erhalten. Sie werden sehen, dass dies Ihre berufliche Entwicklung positiv beeinflussen kann und wahrscheinlich auch wird.

Ein angemessenes berufliches Netzwerk aufbauen

Ein gut aufgebautes und genügend umfangreiches berufliches Netzwerk kann in vielfacher Hinsicht sehr vorteilhaft und nützlich für jede Führungskraft sein.

Solchermaßen aufgebaute und gepflegte Kontakte könnten mehrfach genutzt werden: um Erfahrungen auszutauschen; um sich externen Rat zu holen; um über mögliche Kontakte zu Mentoren oder Coaches zu verfügen; um aus diesem Netzwerk einen vertrauenswürdigen Freund für gegenseitige Beratungen oder Selbstreflexionen zu generieren; um sich mögliche Optionen für berufliche Weiterentwicklungen in anderen Unternehmen zu schaffen; um mögliche Mitarbeiter zu gewinnen; und um bei externen Bewerbungen über gute und vertrauenswürdige Referenzgeber zu verfügen.

Nachwuchs-Führungskräfte können nicht früh genug beginnen, ein solches berufliches Netzwerk aufzubauen. Diesbezüglich gibt es mittlerweile einige Online-Plattformen, welche den Aufbau von beruflichen Netzwerken fördern. Die bekannteste Plattform diesbezüglich ist LinkedIn.

Allerdings genügt es bei Weitem nicht, über möglichst viele Kontakte auf Online-Plattformen zu verfügen. Zu besonders wichtigen Personen

© Der/die Autor(en), exklusiv lizenziert an Springer Fachmedien Wiesbaden GmbH, ein Teil von Springer Nature 2024
E. Minar, *Praxistipps für Nachwuchs-Führungskräfte*,
https://doi.org/10.1007/978-3-658-44030-5_49

in ihrem Netzwerk sollte jede Führungskraft enge Kontakte pflegen. Dies könnten und sollten von Zeit zu Zeit auch persönliche physische Kontakte sein. Dazu finden sich immer wieder Gelegenheiten, sei es auf Messen, Seminaren oder anderen Veranstaltungen oder bei Besuchen in anderen Städten oder Ländern.

Das Mindeste an Kontaktpflege, wenn persönliche Treffen aus Distanzgründen nicht möglich sind, sollten gelegentliche telefonische Kontakte sein. Geburtstags-Glückwünsche oder Neujahrs-Wünsche könnten ebenfalls gute Anlässe sein, um aufgebaute Kontakte nicht völlig abreißen zu lassen.

Die möglichen Kontakte zum Aufbau eines persönlichen beruflichen Netzwerks könnten aus verschiedenen Quellen kommen. Dazu zählen insbesondere Kontakte zu den beruflichen Kollegen, zu Vorgesetzten und zu eigenen Mitarbeitern oder aus externen Seminaren oder aus dem Studium oder aus sonstigen Weiterbildungs-Maßnahmen. Manchmal entwickeln sich auch private Kontakte zu Mitgliedern des beruflichen Netzwerks.

Nicht die Menge an Kontakten im eigenen persönlichen Netzwerk ist entscheidend, sondern die Qualität und vor allem die Pflege des eigenen Netzwerks. Darum lautet mein starker Appell an junge Führungskräfte, so früh als möglich mit dem Aufbau ihres beruflichen Netzwerks zu beginnen und dieses bis ins Rentenalter zu pflegen.

Selbstreflexion mit externer Hilfe

Schon im ersten Teil dieses Buches habe ich empfohlen, regelmäßig Selbstreflexion anzuwenden. Mit einem solchermaßen möglichen Helikopter-Blick sollten sich auch Nachwuchs-Manager selbst Rechenschaft über ihr Tun im beruflichen und privaten Leben geben und dies mit ihren persönlichen Zielsetzungen vergleichen. Diese kritische Selbstreflexion sollte zu den besonders wichtigen Maßnahmen jeder Führungskraft zählen, da es die Selbstoptimierung fördert.

Meine Empfehlung ist, eine solche Selbstreflexion halbjährlich zu tätigen und diesbezüglich die vergangenen sechs Monate zu bewerten und mit der vorherigen eigenen Zielsetzung zu vergleichen: Habe ich meine Ziele erreicht? Was hätte ich besser bzw. anders machen sollen? Befinde ich mich noch auf dem Weg, um meine wesentlichen persönlichen Ziele zu erreichen? Was sollte ich in Punkto Berufsleben bzw. in Punkto Privatleben verändern?

Nach dieser möglichst selbstkritischen Beurteilung könnten die persönlichen Zielsetzungen für die nächsten sechs Monate bestätigt oder angepasst werden. Diesbezüglich rate ich, diese persönlichen Ziele in Stichworten für sich selbst festzuhalten, um sich diese bei der nächsten Selbstreflexion wieder ins Gedächtnis zu rufen.

© Der/die Autor(en), exklusiv lizenziert an Springer Fachmedien Wiesbaden GmbH, **151** ein Teil von Springer Nature 2024
E. Minar, *Praxistipps für Nachwuchs-Führungskräfte*,
https://doi.org/10.1007/978-3-658-44030-5_50

Diese wünschenswerte Selbstreflexion kann entweder allein ohne externe Hilfe oder mit Unterstützung durch eine andere Person erfolgen. Meine Empfehlung insbesondere für Nachwuchs-Führungskräfte ist die Selbstreflektion mit externer Hilfe. Ich habe beide mögliche Formen für mich mehrfach getestet.

Dabei habe ich die Erfahrung gemacht, dass man zumeist nicht gleichermaßen kritisch sich selbst gegenüber verhält. Die Neigung ist groß, für sich Entschuldigungen zu finden, warum persönliche Ziele nicht erreicht worden sind, und warum veränderte Verhaltensweisen nicht wie geplant vorgenommen wurden.

Um dies zu vermeiden, rate ich, sich für die Selbstreflexion der Unterstützung durch eine andere Person zu bedienen. Dies könnte ein externer Coach sein oder ein besonders vertrauenswürdiger Freund, der aber auch kritisch genug sein kann und sich nicht aus Freundschaft oder Gefälligkeit mit entschuldigenden Aussagen des Selbstreflexion-Betreibenden zufriedengibt, sondern so lange nachfragt und nachbohrt, bis die wahren Gründe für nicht erreichte Ziele an die Oberfläche gelangen.

Ideal wäre nach meiner Ansicht, wenn sich zwei Führungskräfte dabei gegenseitig bei der jeweiligen Selbstreflexion unterstützen könnten. Damit könnten die Kosten eines externen Coaches vermieden werden. Sollte dies nicht möglich sein, dann wäre meiner Meinung nach ein externer Coach immer noch besser als die eigene Selbstreflexion ohne Unterstützung durch eine weitere Person.

Wäre auch eine Selbstreflexion mit Hilfe eines Coaches nicht möglich, dann sollte eine solche dennoch für sich allein vorgenommen werden, um nicht in dem von mir schon genannten Hamsterrad zu landen oder um die persönlichen beruflichen und privaten Zielsetzungen nicht gänzlich aus den Augen zu verlieren.

Natürlich können Sie den Rhythmus solcher Selbstreflexionen selbst bestimmen. Manchen Führungskräften mögen jährliche Reflexionen genügen, für andere könnten sogar Reflexionen in kürzeren Zeitabschnitten ratsam sein. Wichtig und entscheidend ist, dass Sie solche für sich vornehmen.

Spaß an den beruflichen Aufgaben haben und diesen erhalten

Die Erledigungen von beruflichen Aufgaben sollen nicht bloß Pflicht-erfüllungen sein. Die beruflichen Herausforderungen sollen immer auch Freude und Spaß bereiten. Mit Spaß sind in diesem Zusammenhang die persönliche Genugtuung und die Freude an neuen Aufgaben und Heraus-forderungen gemeint.

Idealerweise freut sich eine Führungskraft am Morgen jedes Arbeits-tages auf die Erledigung von anstehenden Aufgaben und auf die Kon-takte mit ihren Mitarbeitern und beruflichen Kollegen. Dies gilt ebenso für den Montagmorgen der jeweils neuen Arbeitswoche.

Wenn eine Führungskraft keinen Spaß an ihren Aufgaben hat, wenn die beruflichen Herausforderungen keine Freude bereiten und wenn die aktuelle berufliche Tätigkeit als Führungskraft keine persönliche Genug-tuung schafft, dann sollte eine solche Führungskraft sich selbst in dem aktuellen Job hinterfragen.

Es liegt in der Natur der Sache, dass nicht alle zu erledigenden Auf-gaben Freude und Spaß bereiten. Darum spreche ich hier von der Mehr-zahl der beruflichen Arbeiten. Wenn sich unter den vielen Arbeiten einer Führungskraft eine klare Mehrzahl an interessanten und freudvollen

© Der/die Autor(en), exklusiv lizenziert an Springer Fachmedien Wiesbaden GmbH, **153**
ein Teil von Springer Nature 2024
E. Minar, *Praxistipps für Nachwuchs-Führungskräfte*,
https://doi.org/10.1007/978-3-658-44030-5_51

Tätigkeiten befindet, dann übertünchen diese zumeist die weniger interessanten und oft als Pflicht verstandenen Aufgaben.

Manchmal haben mir Management-Kollegen gestanden, dass sie keine Freude an ihren Tätigkeiten empfinden, weil sie sich nicht von ihren Vorgesetzten genügend motiviert fühlen. Diesbezüglich verweise ich auf meine Äußerungen zur Selbstmotivation. Von einer Führungskraft darf man erwarten können, dass sie sich selbst stark motivieren kann.

Motivationsfaktoren können die vereinbarten Zielsetzungen des eigenen Bereichs und deren Erreichung bzw. sogar Übererfüllung sein sowie der Aufbau und die Entwicklung eines kompetenten und motivierten Mitarbeiter-Teams im eigenen Bereich. Die Gelegenheiten und Chancen für die Selbstmotivation daraus sind nahezu unerschöpflich.

Sollten selbst die Versuche einer Selbst-Motivation scheitern und sollten die aktuellen beruflichen Herausforderungen nicht das angestrebte Maß an persönlicher Befriedigung und damit nicht genügend Freude und Spaß bereiten, und sollte man sich nahezu jeden Morgen zur beruflichen Arbeit „quälen", dann ist es Zeit, sich Gedanken über eine berufliche Veränderung zu machen.

Nicht motivierte und engagierte Führungskräfte könnten nicht nur sich selbst psychische und auch gesundheitliche Schäden zufügen, sie wären auch schädlich für die Unternehmen, in denen sie tätig sind.

Möglicherweise finden sich andere interessante und motivierende Aufgaben in anderen Unternehmensbereichen und mit anderen Vorgesetzten. Falls nicht, dann sollte man solchen Führungskräften zu einem Wechsel des Unternehmens und der Aufgabe raten. In unseren gegenwärtigen Zeiten mit einem immer größeren Mangel an geeigneten Fach- und Führungskräften könnten sich zumeist andere und für die Führungskraft besser geeignete Optionen zeigen.

In diesem Zusammenhang möchte ich unterstreichen, dass auch im Berufsleben ein gewisses gesundes Maß an Humor sehr förderlich ist. Darum ist meine Empfehlung an junge Führungskräfte, sich ihren Humor zu erhalten, denn mit Humor geht das meiste leichter.

Besser „Early Bird" als „Nachteule" sein

Dies ist ein sehr persönlicher Rat, den vermutlich nicht alle Lesende annehmen werden. Ich habe in meinem Leben beides gelebt, bin aber als „Early Bird" deutlich besser gefahren.

In meinen jungen Jahren und als Student war ich zugegebenermaßen eine Nachteule. Vor zwei Uhr morgens bin ich selten zu Bett gegangen, dafür allerdings zumeist erst um acht Uhr aufgestanden. In meinem Berufsleben habe ich mich schrittweise völlig umgestellt. Mein Arbeitsbeginn lag zuletzt jeden Morgen zwischen fünf und sechs Uhr früh. Diesen Rhythmus habe ich nach meinem Berufsleben nicht gravierend verändert.

Wenn man so früh am Arbeitsort ist, hat man zumeist ein bis zwei Stunden Zeit, bis der übliche Arbeitsbeginn der meisten Mitarbeiter anfängt. Als Führungskraft wird man üblicherweise von Mitarbeitern oder von Kunden oder von anderen Kollegen oder vom Vorgesetzten spätestens ab neun Uhr morgens nahezu dauerhaft gefordert.

Diese zwei Stunden am Morgen habe ich sehr gut und nahezu ungestört für die Planung des jeweiligen Tages verwenden können, sei es für die Vorbereitungen von Besprechungen mit Mitarbeitern, mit Kollegen, mit dem Vorgesetzten oder mit Geschäftspartnern oder für erforderliche Präsentationen oder Berichte.

© Der/die Autor(en), exklusiv lizenziert an Springer Fachmedien Wiesbaden GmbH, ein Teil von Springer Nature 2024
E. Minar, *Praxistipps für Nachwuchs-Führungskräfte*,
https://doi.org/10.1007/978-3-658-44030-5_52

Ein weiterer nicht zu unterschätzender Vorteil ist, dass die Anreise zum Arbeitsort zumeist deutlich rascher erfolgen kann, da man so früh den Berufsverkehr vermeiden kann. Während manch andere Kollegen deutlich später eintreffen, läuft ein „Early Bird" um neun Uhr morgens schon lange auf Hochtouren.

Ein wesentlicher Grund für meine Umstellung zum Early Bird war mein Wunsch, mit meinen Kindern zumindest meist ein gemeinsames Abendessen einnehmen zu können. Ich gebe zu, dass die Umstellung in den ersten Wochen und Monaten nicht einfach war und manche Überwindung des „inneren Schweinehunds" gerade in kalten Jahreszeiten gebraucht hat. Die für mich gewonnenen Vorteile haben überwogen. Darum empfehle ich Nachwuchskräften, diesen Weg ebenfalls zumindest ernsthaft zu versuchen.

Ausgeglichenes Privatleben

Es gibt Berufe, in welchen ein stabiles und ausgeglichenes Privatleben nicht erforderlich ist. Allerdings zeigen alle meine Erfahrungen, dass für Führungskräfte ein gutes ausgeglichenes Privatleben sehr empfehlenswert für eine gute Karriere-Entwicklung ist bzw. sein könnte.

Ein intaktes Privatleben, am besten in einer Ehe oder in einer festen Partnerschaft, ist der beste Rückhalt für eine gute berufliche Entwicklung. Bei Neueinstellungen von Führungskräften wird sehr oft auch der Familienstatus mitberücksichtigt.

Ich habe die Erfahrung gemacht, dass gerade in traditionellen mittelständischen Unternehmen die Unternehmensleitung bzw. der Unternehmensinhaber meine Ehefrau kennenlernen wollten und diese zu einem gemeinsamen Gespräch miteingeladen haben.

Zumeist wollten diese herausfinden, ob meine Ehefrau mir den Rücken freihalten könnte und auch würde, damit ich mich sehr stark auf meine beruflichen Herausforderungen fokussieren könnte und nicht zu sehr mit familiären Problemen abgelenkt sein würde.

E. Minar, *Praxistipps für Nachwuchs-Führungskräfte*,
https://doi.org/10.1007/978-3-658-44030-5_53

Je höher eine Führungskraft in den Hierarchiestufen nach oben steigt, desto stärker wird in vielen internationalen Top-Unternehmen, aber auch in mittelständischen und Familienunternehmen auf das intakte und ausgeglichene Privat- und Familienleben geachtet.

Nicht ungerechtfertigt heißt es bekanntlich: „Hinter einer erfolgreichen Führungskraft steckt zumeist ein guter Ehepartner".

Jede Führungskraft sollte auf ihre Gesundheit und körperliche Fitness achten

Dazu führe ich eine bekannte lateinische Redewendung an: „mens sana in corpore sano". Dies bedeutet, dass sich ein gesunder Geist nur in einem gesunden Körper entwickeln kann [38].

Insbesondere in den letzten Jahrzehnten haben diese Erkenntnisse an Bedeutung gewonnen. Darum fördern viele Unternehmen zielgerichtet sportliche Hobbies ihrer Mitarbeiter.

Große internationale Unternehmen lassen Top Manager in hohen Führungspositionen vor der finalen Vertragsunterzeichnung Gesundheits-Checks machen. Manche bestehen auf jährlichen Gesundheits-Checks, um mögliche Risiken von Herz- und Kreislauf-Erkrankungen festzustellen.

Darum werden bei Einstellungen von Führungskräften sportliche Hobbies sehr positiv aufgenommen. Dazu zählen insbesondere Joggen, Wandern, Fahrrad-Touren, Tennis, Golf oder der regelmäßige Besuch von Fitness-Studios.

Allzu große körperliche Übergewichtigkeit sollte hingegen vermieden werden. Auch starkes Rauchen wird als nachteilig empfunden. Rauchen am Arbeitsplatz wird ohnedies praktisch überall untersagt.

© Der/die Autor(en), exklusiv lizenziert an Springer Fachmedien Wiesbaden GmbH, ein Teil von Springer Nature 2024
E. Minar, *Praxistipps für Nachwuchs-Führungskräfte*,
https://doi.org/10.1007/978-3-658-44030-5_54

Übermäßiger regelmäßiger Alkoholgenuss ist ebenso verpönt wie regelmäßiger Konsum von Drogen und insbesondere von sogenannten harten Drogen wie LSD, Kokain, Crack, Ecstasy, aber auch Cannabis. Dies sollte insbesondere für Führungskräfte als Selbstverständlichkeit gelten.

Auch Nachwuchs-Führungskräfte sollten sich immer bewusst machen, dass von Führungskräften nicht nur geistige, sondern auch körperliche Fitness gefordert wird. Längere Arbeitszeiten und mögliche interkontinentale längere Reisen bedingen eine gewisse gute körperliche Konstitution. Längere krankheitsbedingte Ausfälle sollten möglichst vermieden werden können.

Rechtzeitig für das Pensionsalter vorsorgen

Auch wenn dieser mein letzter Ratschlag in diesem Buch erst das Leben nach den beruflichen Tätigkeiten betrifft, so erlaube ich mir dennoch diesen hier anzubringen. Ich bekenne, dass ich selbst erst recht spät meine Überlegungen diesbezüglich angestellt habe. In meinen Jahren als junge Führungskraft habe ich keine Gedanken an mein späteres Pensionsalter verschwendet.

So wie ich haben sehr viele meiner Ex-Kollegen ihr Ruhestandsalter erreicht. In Gesprächen mit diesen habe ich dabei viel erfahren und lernen können. Darum möchte ich Sie an diesen Erfahrungen teilhaben lassen und fasse meine Ratschläge in drei Themen zusammen: finanzielle Vorsorge, Tätigkeiten im Pensionsalter und das Privatleben und Freundschaften.

Finanzielle Vorsorge
Damit kann jeder Mensch nicht früh genug beginnen. Aufgrund des demografischen Wandels und der Überalterung in europäischen Ländern müssen künftig immer weniger Beitragszahler für immer mehr Beitragsempfänger in die nationalen Rentenkassen einzahlen. In Deutschland musste der Staat im Jahr 2022 bereits Zuschüsse von 107 Milliarden

© Der/die Autor(en), exklusiv lizenziert an Springer Fachmedien Wiesbaden GmbH, ein Teil von Springer Nature 2024
E. Minar, *Praxistipps für Nachwuchs-Führungskräfte*,
https://doi.org/10.1007/978-3-658-44030-5_55

Euro in die deutsche Rentenversicherung leisten. Die erforderlichen staatlichen Leistungen werden immer größer werden.

Auch wenn ich sehr zuversichtlich bin, dass die nationalen Regierungen und Behörden die Rentenkassen stützen werden und dass diese nicht kollabieren werden, so rate ich dringlich, schon frühzeitig eine gewisse Selbstvorsorge mit zusätzlichen alternativen Pensionsleistungen zu treffen.

Ich kenne einige Kollegen, die sich diesbezüglich große finanzielle Sorgen machen, weil sie über keine alternativen zusätzlichen Rentenzahlungen verfügen können. Ein Kollege, der vornehmlich als Vorstand tätig war, hat bei Beginn des Pensionsalters erstaunt feststellen müssen, dass Mitglieder des Vorstands einer deutschen Aktiengesellschaft in der Beschäftigung als Vorstand nicht rentenversicherungspflichtig sind und deshalb auch keine rentenrelevanten Zeiten erwerben [14].

Tätigkeiten im Pensionsalter

Ich kenne einige Management-Kollegen, die sich jahrelang auf das Erreichen ihres Pensionsalters gefreut haben, aber nach einigen Monaten in Pension in ein tiefes psychisches Loch gefallen sind. In den ersten Monaten gab es für diese genügend Tätigkeiten, welche während ihres Berufslebens liegengeblieben waren und aufgearbeitet werden mussten. Aber danach stellte sich für sie die Frage, was sie mit ihrer Zeit machen sollten. Dazu kam, dass sich viele unter ihnen nicht mehr gebraucht und benötigt gefühlt haben. Die meisten dieser erwähnten Kollegen waren und sind körperlich und geistig noch topfit.

Manche Kollegen haben sich auf ihre Familie und diesbezüglich auf die Betreuung ihrer Enkelkinder fokussiert. Doch auch Enkelkinder werden älter und bedürfen immer geringerer Betreuung. Manche haben sich auf ihre sportlichen Ambitionen konzentriert, egal ob auf Golf oder Tennis im Sommer und auf Skilaufen im Winter. Mit zunehmendem Alter nehmen diese Ambitionen ab.

Darum empfehle ich aufgrund meiner Erfahrungen, sich mit den Fragen der Tätigkeiten im Pensionsalter frühzeitig genug zu beschäftigen. Dies sollte spätestens etwa ab 55 Lebensjahren erfolgen. Beschäftigungs-Optionen gibt es genügend, sei es das Betreiben von Hobbies oder die Unterstützung der Zivilgesellschaft.

Es gibt sehr viele Möglichkeiten, ehrenamtliche Tätigkeiten als Dienst an der Zivilgesellschaft zu übernehmen. Ich kenne einige Kollegen, welche in solchen ehrenamtlichen Aufgaben im Pensionsalter ihre persönliche Befriedigung und Erfüllung gefunden haben und sich von der Zivilgesellschaft benötigt fühlen können.

Ich habe mich schon vor zehn Jahren darauf gefreut, Bücher verfassen zu können und damit meine Erfahrungen, mein Wissen und meine Ratschläge weitergeben zu können. In diesem Sinne ist auch dieses Buch, allerdings nicht nur dieses, entstanden.

Privatleben und Freundschaften im Pensionsalter

Ich wünsche jeder Führungskraft, dass sie das Glück haben wird, ihre Ruhestandszeiten glücklich und zufrieden mit einem Ehe- oder Lebenspartner verbringen zu können.

Gleichzeitig sollte sich jeder Mensch für sein Pensionsalter echte Freunde geschaffen haben und diese möglichst lange erhalten. Darum schätze ich mich glücklich, nicht nur eine liebevolle Ehefrau an meiner Seite zu haben, sondern auch auf echte und ehrliche Freundschaften zählen zu können. Zum Teil habe ich solche langen Freundschaften aus meinen beruflichen Tätigkeiten gewinnen und erhalten können.

Solche echten und ehrlichen Freunde ergeben sich nicht von allein, sondern bedürfen dem Aufbau einer Vertrauensbeziehung und einer dauerhaften Pflege. Ich bin mir sicher, dass Ihnen dies ohnedies bewusst ist.

Schlussbemerkungen und Danksagungen des Autors

Wie Sie, sehr geschätzte Leserinnen und Leser, sicherlich bereits in Ihrer bisherigen beruflichen Laufbahn erfahren und erlebt haben, sind die Aufgaben einer Führungskraft sehr anspruchsvoll und möglicherweise komplex, sodass diese nicht im Zeitrahmen der gesetzlichen Wochenarbeitszeiten vollumfassend erledigt werden können.

Gleichzeitig können diese Aufgaben überaus befriedigend sein, wenn man gemeinsam mit seinem zugeordneten Mitarbeiter-Team die gestellten und vereinbarten Ziele erreicht und wenn man seine Mitarbeiter ständig weiterentwickelt und diese zu immer höheren Aufgaben qualifizieren kann.

Besonders motivierend und zugleich befriedigend ist, wenn es der Führungskraft gelingt, ein sehr kompetentes und hochengagiertes Team entwickeln zu können und wenn man aus diesem Team den Nachfolger bzw. die Nachfolgerin aufbauen kann oder wenn ein Mitarbeiter zu höheren Aufgaben im gleichen Unternehmen berufen wird.

Dies gleicht einem Sporttrainer, dem es gelingt, sein Team zu Höchstleistungen zu bringen oder einem Sportler zu allerhöchsten Ergebnissen zu verhelfen. Daraus habe ich mich ständig selbst motiviert. Ich hoffe

E. Minar, *Praxistipps für Nachwuchs-Führungskräfte*, https://doi.org/10.1007/978-3-658-44030-5

und wünsche Ihnen sehr, dass Ihnen dies in gleichem oder ähnlichem Maße gelingen wird.

Ich habe in meiner beruflichen Karriere sicherlich vieles richtig gemacht. Dennoch habe ich gerade in meinen jungen Management-Jahren auch einige Fehler gemacht. Hätte ich damals mein heutiges Wissen und meine heutigen Erfahrungen gehabt, hätte ich sicherlich einige gemachte Fehler vermeiden können. Damals habe ich mir gewünscht, dass ich dazu geeignete Literatur hätte lesen können oder dass ich entsprechende praktische Seminare hätte besuchen können.

Hätte ich damals ein solches Buch, wie jetzt von mir verfasst, oder einen Freund oder Coach zur Seite gehabt, der mich entsprechend beraten hätte, hätte ich vermutlich vieles bereits in meinen jungen Manager-Jahren besser gemacht und manche selbst gesteckte Führungsziele rascher erreicht.

Aus dieser Motivation heraus und weil ich insbesondere Nachwuchs-Führungskräften und jungen Management-Kandidaten praktische und nachvollziehbare Ratschläge und Tipps geben möchte, habe ich dieses Buch verfasst.

Viele der präsentierten Empfehlungen mögen selbstredend und selbstverständlich erscheinen. Aus meinen jahrzehntelangen Erfahrungen weiß ich allerdings, dass nicht theoretisches Management-Wissen entscheidend ist, sondern die praktische Umsetzung im beruflichen Alltag.

Sicherlich decken meine 55 präsentierten Ratschläge nicht alle Aspekte in einem Management-Leben ab. Darum empfehle ich Ihnen, Ihre eigenen Erfahrungen ergänzend zu meinen Empfehlungen für sich selbst zu notieren.

Ich habe noch eine letzte Empfehlung an Sie. Nehmen Sie ein- oder zweimal pro Jahr dieses Buch zur Hand und lesen Sie das Inhaltsverzeichnis, in welchem die Ratschläge übersichtlich und prägnant formuliert sind. Möglicherweise wird es sich diesbezüglich lohnen, wenige Kapitel bzw. Ratschläge nochmals nachzulesen.

Ebenso empfehle ich Ihnen, bei dieser Gelegenheit die von Ihnen selbst gemachten Erfahrungen und Ihre Ratschläge an sich selbst nachzulesen. Vielleicht zeigt sich, dass Sie Ihr theoretisches Wissen zu manchen Führungs-Herausforderungen ausbauen möchten. Diesbezüglich könnten Sie meine oder andere Literatur-Empfehlungen heranziehen.

Abschließende Dankesworte des Autors

Zunächst möchte ich mich bei allen Menschen bedanken, die mich ermuntert haben, dieses Buch zu schreiben, die mich animiert haben, mein Wissen und meine Führungs-Erfahrungen als praktische und einfach nachvollziehbare Empfehlungen an Nachwuchs-Führungskräfte und junge Manager weiterzugeben.

Ich möchte mich bei allen Wissens-Gebern und bei allen Management-Kollegen und früheren Vorgesetzten bedanken, die mir in meiner beruflichen Vergangenheit geholfen und dazu beigetragen haben, all mein jetzt vorhandenes Wissen sammeln zu können.

Ich habe darüber hinaus zahlreiche Quellen verwendet, die ich im Textteil angeführt und alphabetisch im Quellenverzeichnis am Ende dieses Buches zusammengefasst habe. Ich habe die daraus gewonnenen Erkenntnisse nach bestem Wissen und Gewissen verwendet.

Natürlich ist es mir ein besonderes Bedürfnis, mich bei allen Lesern und Leserinnen zu bedanken, die sich die Zeit genommen haben, meine Erfahrungen und Empfehlungen zu lesen, die damit auch ihr Wissen hoffentlich erweitern konnten und diese Erkenntnisse im praktischen Führungsalltag selbst anwenden können.

Und last but not least bedanke ich mich bei meiner sehr geschätzten Frau Nathalie, die mich nicht nur ermuntert hat, dieses Buch zu verfassen, sondern auch weil sie mir während des Verfassens unterstützend zur Seite gestanden hat.

Abschließend möchte ich allen Lesenden, ob noch Studierenden oder bereits als Führungskraft tätigen Personen, viel Erfolg in ihren Management-Aufgaben wünschen, welche ihnen hoffentlich eine sehr erfolgreiche berufliche Karriere und vor allem viel persönliche Befriedigung als Führungskraft bereiten werden.

Literatur

1. **Amnesty International:** „Generation Z: Klimawandel wichtigstes Thema unserer Zeit" https://www.amnesty.ch/de/themen/klima/dok/2019/generation-z-klimawandel-wichtigstes-thema-unserer-zeit. Zugegriffen am 12.Januar 2024
2. **BEI-Training:** Fürsattel, Andreas C.: „Richtig delegieren: Eine Kunst, die man lernen kann"; https://www.bei-training.com/richtig-delegieren-7-regeln-fuer-effektives-delegieren/. Zugegriffen am 12.Januar 2024
3. **Boden, Martina:** „Mitarbeitergespräche führen: Situativ, typgerecht und lösungsorientiert"; Springer Gabler Verlag 2020.
4. **Buch, Sara-Isabell:** „Präsentieren können: Das neue Handbuch für authentische Präsentationen. So begeistern Sie Ihr Publikum. Mit zahlreichen Beispielen und Checklisten"; Rheinwerk Computing 2023.
5. **Dahms, Matthias:** „Motivieren – Delegieren – Kritisieren. Die Erfolgsfaktoren der Führungskraft"; Gabler Verlag, 2.Auflage, 2010.
6. **Deloitte:** „Deloitte Millennial Survey 2022. Klimawandel bleibt die größte Sorge von Gen Z und Millennials in Deutschland"; https://www2.deloitte.com/de/de/pages/presse/contents/deloitte-millennial-survey-2022.html. Zugriffen am 12.Januar 2024
7. **Delst: Deutsches eLearning Studieninstitut:** „Reverse Coaching: Wissenstransfer mit Konzept"; https://www.delst.de/de/magazin/reverse-coaching/; Zugegriffen am 12.Januar 2024

8. **Elektronik Praxis:** Franz, David: „Millennials & Generation Z: Mit Sorge in die Zukunft"; https://www.elektronikpraxis.de/millennials-generation-z-mit-sorge-in-die-zukunft-a-846482/. Zugegriffen am 12.Januar 2024
9. **Founders Foundation:** „Die 10 häufigsten Gründe für das Scheitern eines Startups"; https://foundersfoundation.de/content-library/scheitern-eines-startups/ Zugegriffen am 12.Januar 2024
10. **Gründerpilot:** „Wie viele Startups scheitern"; https://www.gruenderpilot. com/wie-viele-startups-scheitern/. Zugegriffen am 12.Januar 2024
11. **Hofmann, Eberhardt:** „Einstellungsgespräche erfolgreich führen. Ein Praxisleitfaden für die Auswahl der besten Bewerber"; Springer Gabler Verlag, 2.Auflage, 2016.
12. **Hölzl, Franz und Raslan, Nadja:** „Schwierige Mitarbeitergespräche – inkl. Arbeitshilfen online: Professionell vorbereiten, sicher führen"; Haufe Fachbuch 2019.
13. **Hübner, Hartmut und andere:** „Kommunikation neu gedacht: Eine integrale Lernreise zu mehr Flow für Führungskräfte und Unternehmen"; Haufe Verlag 2021.
14. **Ihre Vorsorge:** „Vorstand einer AG – Umgang mit Rentenversicherung"; https://www.ihre-vorsorge.de/expertenforum/vorstand-einer-ag-umgang-mit-rentenversicherung#. Zugegriffen am 12.Januar 2024
15. **Jiranek, Heinz und Edmüller, Andreas:** „Konfliktmanagement: Konflikten vorbeugen, sie erkennen und lösen"; Haufe Verlag, 6.Auflage, 2021.
16. **Laufer, Hartmut:** „Motivierend delegieren, kontrollieren, kritisieren: Wie Sie Mitarbeiter aktivieren statt frustrieren"; GABAL Verlag 2017.
17. **Laufer, Hartmut:** „Gut kommunizieren als Führungskraft: Wie praxisbezogene Kommunikation zu mehr Produktivität und besseren Ergebnissen führt"; GABAL Verlag 2021.
18. **Laufer, Hartmut:** „Zielvereinbarungen – kooperativ vereinbaren, beharrlich verfolgen, erfolgreich verwirklichen"; GABAL Verlag 2011.
19. **Lernen heute:** „Das Eisenhower Prinzip"; https://www.lernen-heute.de/ selbstmanagement_eisenhower.html. Zugegriffen am 12.Januar 2024
20. **Lorenz, Michael und Rohrschneider, Ute:** „Praxishandbuch Mitarbeiterführung: Grundlagen Führungstechniken Gesprächsleitfaden"; Haufe Fachbuch, 5.Auflage, 2022.
21. **Mentzel, Wolfgang; Grotzfeld, Svenja; Haub, Christine:** „Mitarbeitergespräche erfolgreich führen: Einzelgespräche, Meetings, Zielvereinbarungen und Mitarbeiterbeurteilungen"; Haufe Verlag 2022.
22. **Müller-Thurau, Claus Peter:** „Das erste Mal Führungskraft"; Haufe Verlag 2019.

23. **Obermann, Christof und Solga, Marc:** „Jobinterviews professionell führen. Über 400 Interviewfragen für die erfolgreiche Bewerberauswahl", Springer Gabler Verlag 2017.

24. **Personalwissen:** „Reverse Mentoring Konzept: So lernt Alt von Jung"; https://www.personalwissen.de/personalwesen/personalentwicklung/mentoring/reverse-mentoring/. Zugegriffen am 12.Januar 2024

25. **Püttjer, Christian und Schnierda, Uwe:** „Das Bewerbungscoaching für Führungskräfte"; Campus Verlag, 8.Edition, 2020.

26. **RKW Kompetenzzentrum:** „Global Entrepreneurship Monitor 2022/2023"; https://www.rkw-kompetenzzentrum.de/publikationen/studie/global-entrepreneurship-monitor-2022-2023/. Zugegriffen am 12.Januar 2024

27. **Scheffer, David und andere:** „Motivation in der Arbeitswelt: Wie Bedürfnisse, Motive, Emotionen und Ziele unser Handeln leiten"; W. Kohlhammer 2021.

28. **Schuldnerberatung.de:** „Insolvenzverschleppung und die Folgen dieser Straftat"; https://www.schuldnerberatung.de/insolvenzverschleppung/. Zugegriffen am 12.Januar 2024

29. **Schulenburg, Nils:** „Exzellent präsentieren: Die Psychologie erfolgreicher Ideenvermittlung – Werkzeuge und Techniken für herausragende Präsentationen"; Springer Gabler Verlag, 2017.

30. **Shaw, Gerard:** „Die 7 Techniken der Konfliktlösung: Meistern Sie gewaltfreie und effektive Kommunikationsfähigkeiten, um alltägliche Konflikte am Arbeitsplatz, in Beziehungen und in wichtigen Gesprächen zu lösen"; Communication Excellence Verlag 2020.

31. **Statista Research:** Rudnicka, J.: „Durchschnittliche Wochenarbeitszeit von Vollzeitbeschäftigten in der Europäischen Union im Jahr 2022"; https://de.statista.com/statistik/daten/studie/75864/umfrage/durchschnittliche-wochenarbeitszeit-in-den-laendern-der-eu/. Zugegriffen am 12.Januar 2024

32. **Statistisches Bundesamt:** „Wöchentliche Arbeitszeit: Deutliche Unterschiede in der EU"; https://www.destatis.de/Europa/DE/Thema/Bevoelkerung-Arbeit-Soziales/Arbeitsmarkt/Wochenarbeitszeiten.html. Zugegriffen am 12.Januar 2024

33. **Statistisches Bundesamt:** „Wöchentliche Arbeitszeit in der EU"; https://www.destatis.de/Europa/DE/Thema/Bevoelkerung-Arbeit-Soziales/Arbeitsmarkt/Qualitaet-der-Arbeit/_dimension-3/01_woechentliche-arbeitszeit1.html. Zugegriffen am 12.Januar 2024

34. **Stritzelberger, Reinhold:** „Dauerhafte Selbstmotivation – inkl. Arbeitshilfen online: Geben Sie Ihr Bestes für das, was wirklich wichtig ist"; Haufe Verlag 2016.

35. **Trenkel, Waldemar:** „Erfolgreiches Konfliktmanagement in 4 Schritten – Sicher und effektiv Konflikte lösen – Für Beruf, Beziehung und Alltag"; Head Verlag 2023.

36. **Unternehmer.de:** „Selbstreflexion: Helikopterblick auf das eigene Tun"; https://unternehmer.de/psychologie/293039-eigene-selbstreflexion-helikopterblick. Zugegriffen am 12.Januar 2024

37. **Wikipedia:** „Eisenhower-Prinzip"; https://de.wikipedia.org/wiki/Eisenhower-Prinzip. Zugegriffen am 12.Januar 2024

38. **Wikipedia:** "Mens sana in corpore sano"; https://de.wikipedia.org/wiki/Mens_sana_in_corpore_sano. Zugegriffen am 12.Januar 2024

39. **Wikipedia:** „Liste der Länder nach Arbeitszeit"; https://de.wikipedia.org/wiki/Liste_der_Länder_nach_Arbeitszeit. Zugegriffen am 12.Januar 2024

40. **Wikipedia:** „Motivation"; https://de.wikipedia.org/wiki/Motivation. Zugegriffen am 12.Januar 2024

41. **Wikipedia:** „Mentoring"; https://de.wikipedia.org/wiki/Mentoring. Zugegriffen am 12.Januar 2024

42. **Wiktionary:** „wie der Herr, so's Gescherr"; https://de.wiktionary.org/wiki/wie_der_Herr,_so's_Gescherr. Zugegriffen am 12.Januar 2024

43. **Wissen.de:** „Woher stammt das Sinnbild der drei Affen, die nichts sehen, hören und sagen?; https://www.wissen.de/woher-stammt-das-sinnbild-der-drei-affen-die-nichts-sehen-hoeren-und-sagen#. Zugegriffen am 12.Januar 2024